王莉／著

教育经典
适用
1~2岁

可爱的 1岁孩子

1岁是建立安全感最重要的时期，
这个时期是不可逆的

朝華出版社
BLOSSOM PRESS

图书在版编目（CIP）数据

可爱的1岁孩子 / 王莉著. -- 北京：朝华出版社，
2017.1
ISBN 978-7-5054-3866-8

Ⅰ.①可… Ⅱ.①王… Ⅲ.①幼儿教育－家庭教育
Ⅳ.①G781

中国版本图书馆CIP数据核字(2016)第257991号

可爱的1岁孩子

作　　者　　王　莉

选题策划　　王　剑
责任编辑　　赵　倩
特约编辑　　王　林
责任印制　　张文东　陆竞赢
封面设计　　形式书籍设计

出版发行　　朝华出版社
社　　址　　北京市西城区百万庄大街24号　　　　　　邮政编码　　100037
订购电话　　（010）68413840　68996050
传　　真　　（010）88415258（发行部）
联系版权　　j-yn@163.com
网　　址　　http://zhcb.cipg.org.cn
印　　刷　　三河市三佳印刷装订有限公司
经　　销　　全国新华书店
开　　本　　710mm×1000mm　1/16　　　　　　　　字　　数　　180千字
印　　张　　14.25
版　　次　　2017年1月第1版　2017年1月第1次印刷
装　　别　　平
书　　号　　ISBN 978-7-5054-3866-8
定　　价　　32.00元

前言

在不知不觉中，你的宝宝1岁了。1岁是美妙、令人激动的年龄，父母会发现，孩子在许多方面都发生着变化：运动方式，对世界的理解，对自己和他人的感觉，等等。1岁也是让父母既惊喜又费神的年龄。这是因为，从出生到1岁这个阶段，孩子的身体在快速成长，与此同时，包括大脑在内的神经系统也在同步快速地发育，这一时期的孩子在各方面都有很大的进步，需要父母付出更多的关注来引领他成长。

让我们来看看已经1岁的小家伙都有哪些变化吧——

1岁后的孩子学会了走路，这意味着他更加独立了。这个时期，孩子一方面渴望独立和自主，另一方面又离不开妈妈的怀抱，所以，这个时期的他很矛盾。妈妈在这一阶段最好陪伴在孩子的身旁，给予他信心与勇气。

1岁孩子有了一定的表现欲，他喜欢让周围的人注意到他。如果他的哪个举动把对方逗乐了，他就会重复这个举动以引起别人的关注。

1岁孩子会说除"爸爸""妈妈"以外的几个词了。他会指着天花板说"灯灯"，会在饿的时候说"奶"……一些简单的指令他已能听懂了，大人让他把什么东西拿过来，他也可以做出回应。

1岁孩子最喜欢模仿大人。孩子通过模仿可使智力发育更为迅速，也能学会许多动作和语言。有时妈妈扫地，他会抢扫帚；有时爸爸给他洗澡，他也会学着爸爸的样子给自己打肥皂；有时他还会模仿大人的表情，学会做鬼脸。

1岁孩子已经具备丰富的情感了。他有喜、怒、哀、乐等各种基本的情感诉求，高兴的时候会笑个不停。最妙的是，他还能感知音乐，可以随着音乐节奏摇摆身体。

1岁孩子在"玩"的方面也发生了变化。婴儿期他通常只是双手摇、敲击和扔玩具等。1岁后，他的兴趣范围扩大了，注意力主要放在学走路和了解事物的功能上。他开始对搭积木感兴趣，喜欢推着玩具车来回走，感受着自己身体的力量和控制能力。

1岁孩子喜欢和其他小朋友一起玩，但是，这个时期的他还不懂得如何与他人合作，也不懂得与他人分享玩具。

与此同时，父母也会发现，1岁孩子还出现了一些新的问题——

他生气的时候会大哭大闹，大发脾气；

他变得没有耐心；

他开始学着大人说脏话、骂人；

他总是没有安全感，一会儿看不到妈妈就哭泣；

……

如何解决这些问题，如何引导1岁孩子健康快乐地成长，是爸爸妈妈们要面对的重要课题。《可爱的1岁孩子》将会给您一个满意的答案。就这么简单！

Contents
目录

第一章　1岁是孩子头三年中最有趣的时期

1岁是美妙的、令人激动的年龄，妈妈们会发现，孩子在许多方面都发生着变化：吃饭、运动方式，对世界的理解，对自己和他人的感受等。同时，你也会发现，原来那个乖乖的孩子好像越来越不"听话"，越来越不受"控制"了。

第二章 父母的惊人影响力：在漫长的1岁时期，你就是他的整个世界

我们常用这种想法来自欺欺人：我们已经给了孩子生活必需的东西，如漂亮的玩具、丰富的食物，他们还缺什么呢？是的，我们已经想得够周到了，吃的喝的等面面俱到，似乎没有什么可以改善的了。然而真是如此吗？

第三章 1岁孩子的成长表现：走路、说话和智力发育

幼儿天生敏感，他不时做出令大人无法理解的举动。如果孩子失去了这种敏感性，必将变得性格软弱和对周围事物丧失热情。

第四章　1岁孩子的性格、气质萌芽期——帮助孩子养成良好的个性

每个孩子都有自己的性格特点：有的孩子从小开朗，有的孩子则喜怒无常；有的孩子乖巧懂事，有的则任性乖戾。性格有一半是天生，一半是后天形成。孩子的优良性格是从小在生活环境中耳濡目染养成的，需要长期的积极影响和耐心引导，既不全靠说教，也不能指望一蹴而就。

第五章 1岁孩子"不听话"行为背后的秘密

1~2周岁的孩子，偶尔会出现明显的逆反心理。他们不停地"搞破坏"，不在意别人的存在，不挑场合地发脾气。别误会孩子，所有的"不听话"行为背后都有密码，需要我们用心"破译"。

第六章 父母与1岁孩子相处的技巧

孩子1岁了，渐渐有了明显的喜怒哀乐，这些情绪并不能说明孩子已经具备了完善的情感基础，而是还处于逐渐丰富的过程中。这个时期的孩子经常会产生跟父母交流沟通的愿望，所以理解他们所用的方式方法对爸爸妈妈来说是非常必要的。

第七章　养育1岁孩子，父母必须注意的教育习惯

孩子幼儿时期的睡眠、卫生等习惯将对其今后的生活产生很大的影响，为人父母者应在孩子1岁时就逐渐培养他的好习惯，使他成为一个有教养的好孩子。

第八章 以运动为主的练习性游戏——培养1岁孩子的运动能力

1岁孩子身体各器官的机能已经有了初步的发育。我们根据这个阶段孩子的发育特点，有针对性地设计了一些游戏。它们操作性强，寓教于乐，有利于提高孩子的运动素质和能力，帮助父母培养健康、聪明的全优宝宝。

第九章　手的技巧和大脑发育训练游戏——培养1岁孩子的智力

俗语说：心灵手巧。一个内心充满智慧的人，他的动手能力一定非常强。通过动手游戏，促进大脑发育，能让孩子更聪明。

从无意识的抓握发展到能用拇指、食指和中指捏起细小的物品，再到能握住杯子、勺子，这实在是个不小的进步。手指是"智慧的前哨"，只有"手巧"才能"心灵"，这是因为大脑中很多细胞专门处理手部的感觉和运动信息。手的动作特别是手指部分的动作能在大脑皮层建立更多的神经关联，动作越复杂、越精巧，大脑之间的神经关联就越频繁，孩子也越聪明。本章训练手的技巧游戏是根据1~2岁孩子的发育程度编排的，家长可以根据孩子的个体差异做适当的调整运用。

第十章　1岁孩子发音、语言能力的训练游戏——培养孩子的对话能力

吐字是否清晰、普通话是否标准，往往代表了一个人的受教育程度的高低。在孩子的启蒙教育中，语言的教育不容忽视，一定要为孩子提供良好的语言环境和训练方法。

第十一章　认知能力游戏训练——让1岁孩子正确认识自己

孩子对这个世界的了解，是从认识他们身边的一切事物开始的，而游戏是孩子最喜欢的娱乐和学习方式之一。带着你的孩子一起游戏吧，这是他们认识自己、认识世界的起点。

第十二章 适合13～24个月孩子的玩具

玩具是孩子的朋友，没有孩子能抵挡住玩具的诱惑。孩子忘情地沉浸在玩具带来的快乐中，小脑袋瓜里也会不时地滋生出新奇的想法，智力也能在潜移默化中慢慢发展。当然，不同的孩子会喜欢不同的玩具，为你的孩子选择合适的玩具，将有益于开发他的智力，使他快乐成长。

第十三章 对于1岁孩子，爸爸妈妈最关心的成长问题

1岁，是孩子成长中令很多家长头疼的时期，孩子的多变常使大人手足无措，而且想尽办法也无济于事。20多个问题，20多个答案，让问题迎刃而解，让忧心忡忡的你茅塞顿开。

第一章

1岁是孩子头三年中
最有趣的时期

1岁是美妙的、令人激动的年龄，妈妈们会发现，孩子在许多方面都发生着变化：吃饭、运动方式，对世界的理解，对自己和他人的感受等。同时，你也会发现，原来那个乖乖的孩子好像越来越不"听话"，越来越不受"控制"了。

1. 1岁是孩子自我意识的萌芽期

不再是任人摆布的婴儿：从无知到探索认知

当可爱的小宝贝来到这个世界的时候，他对这个世界充满好奇，弱弱地感受着周围的一切，此时，他的大部分情绪跟身体需要有着密切的关系。如果孩子吃饱喝足了，能感觉到温暖和舒适，那么他的心情就会很愉悦；如果他饿了或者累了，那么他的心情就会非常糟糕。就这么简单！

在稍纵即逝的岁月里，你的孩子转眼1岁了，1岁是美妙的、令人激动的年龄，发育时钟也会告诉孩子该停止做婴儿，马上要成长为独立的小大人儿了。此时，妈妈们也会发现，孩子在许多方面都发生着变化：吃饭、运动方式，对世界的理解，对自己和他人的感受等。同时，原来那个乖乖的孩子好像越来越不"听话"，越来越不受"控制"了。

1岁的陶陶刚出生时，初为人母的妈妈欣喜地发现孩子特别乖，基本上吃饱就睡，很少哭闹。渐渐地，陶陶妈妈就发现情况不那么妙了，把陶陶放在床上，他不再像从前那样老实坐着，而是喜欢动动这儿，摸摸那儿，一会儿工夫，床上就变得凌乱不堪，地上也掉满了东西。到了1岁3个月，会走的陶陶变得精力旺盛，喜欢把小东西放在嘴里，舔一舔、尝一尝，总要到处走，到处看，一刻也不闲着。妈妈处处小心地跟着，可他还是不时地上演着"小惊险"：水杯碎了，装饰品挪窝了，等等。妈妈一天下来累得够呛，却无可奈何。

像陶陶这样的行为其实是所有1岁孩子的共同表现，是孩子心理和认知发展的一个必然过程。

1岁的孩子的确让爸爸妈妈们既惊喜又费神，这是因为孩子从出生到1岁这个阶段，在身体快速成长的同时，大脑和神经系统也快速地同步发育，他们的视觉、听觉、触觉都逐渐发育成熟。同时，1周岁是孩子身心发展的第一个"加速期"，是生理、心理、社会意识等各方面的"觉醒期"，所以爸爸妈妈才会觉得孩子变得不那么好控制了，殊不知，这时的孩子已经是个有一点独立思想和个人意识的小大人儿了。他需要通过探索未知的东西来提高自己的认知，这是孩子成长过程中的一大进步。

主动地探索未知说明孩子发育正常，有很强的好奇心，也体现了孩子各方面的成长水平。为了对孩子成长的脉络有个清晰的认知，我们有必要梳理一下孩子1岁时会发生的成长变化。

成长和变化：1岁孩子给父母的小惊喜

大多数孩子在1岁2个月左右就可以独立行走了。学会独立行走不仅仅是孩子成长期的一个进步，同时也是他们长大的标志，这意味着孩子可以独立地探索这个充满未知的世界，而随着孩子在走路训练中获得的进步越来越大，他们在面对各种挑战时也会更自信。

1岁是孩子最喜欢模仿大人的年龄。模仿也是1岁孩子主要的学习途径。孩子通过模仿，使智力发育更为迅速，模仿能让他们学会许多动作和语言。有时妈妈扫地，他会抢扫帚；妈妈给他洗澡，他也学着妈妈给自己打上肥皂；有时他还会模仿大人的哭、笑、做鬼脸等动作。

1岁的孩子，手的灵巧度有了大幅度的提高。此时，父母如果让孩子做翻书、搭积木、捡豆子等动作，会使孩子在运动手指的同时刺激大脑发育。

1岁6个月以后，孩子就开始了积极的言语活动。这时的孩子会突然很爱说话，并且时不时模仿父母的一些语言习惯。父母要给孩子创造说话的机会，训练孩子的发音，也要时刻注意自己的语言是否规范、合适。

有了这些"了不起"的本领，孩子当然不再任大人摆布，他们迫不及待地想动用自己的所有感官，"手脚并用"地探索未知的世界。

1岁孩子开始对周围的世界表现出极大的兴趣

1岁5个月的朵朵对客厅的一幅挂图产生了极大的兴趣。她好奇地摸着挂图，一会儿用小手抠抠，一会儿把挂图的一角掀起来，放进嘴里吃，玩得非常开心。

1岁9个月的亮亮简直就是一个"探险家"，他好像忽然之间发现自己生活的地方原来充满了好玩的东西。他用手指抠沙发上的小洞，把家里的书弄得皱皱巴巴，而且总想爬上阳台的木椅子，即使碰了头也不长记性。总之，他想把一切都弄个明白。

这些具体的细节恰好体现了孩子对周围世界的兴趣。

1岁的孩子为什么对周围一切都好奇呢？究其原因，这和他们身体的各种感官和运动能力的发育有非常大的关系。他们想看，想听，想闻，想尝，想摸，想了解周围的世界，想弄清楚每一个东西的大小、形状和味道，所以他们很自然地对一切都产生了极大的兴趣。

1岁的孩子对周围的世界产生兴趣的具体表现与上述两位小朋友一样，对身边熟悉的东西好像第一次发现一样。除此之外，他们还喜欢爬和行走，家里高一点的地方，他们都要去探寻一番；大人经常做的事，比如擦桌子、扫地，他们也要模仿着做一遍。

好奇心体现了孩子的智慧，愿望的满足也让他们产生了愉悦感。探索未知带来的满足感对于孩子的成长具有重要意义。保持好奇心使孩子感到快乐，还能开发智力。诺贝尔奖获得者的成功因素之一就是他们对自己所从事的领域有深厚和持久的兴趣。要想让孩子成为一个身心健康、聪明伶俐、对生活充满热情的人，爸爸妈妈就要学会发现和培养孩子的兴趣。

当然，好奇心和任何事物一样，也有两面性，是一把双刃剑。有的爸爸妈妈看到孩子把东西放嘴里，就觉得不卫生，会阻止孩子，还会因为孩子磕伤过一次头就限制孩子四处走动，这些做法都是得不偿失的。

优秀的父母永远不会做让孩子扫兴的事。他们明白1岁孩子的性格特点，善于发现和引导孩子的兴趣。1岁孩子对周围世界萌发兴趣是自然的，符合儿童身心发展的规律。当孩子对某些事物表现出兴趣时，建议家长们这样做：

了解孩子的兴趣

仔细观察孩子的行为举止，弄明白他对哪些事物发生了兴趣，再决定下一步该怎么做。比如，什么使他一直盯着看，什么使他开心得笑个不停，什么使他急着抓到手里，什么使他放在嘴里"吃"得很认真。

配合孩子的兴趣

了解了孩子的兴趣，接下来要做的就是尽量配合他。比如你发现他盯着桌子上的东西看，在确保没有安全问题的情况下，可以把它拿给孩子。如果某一类事物让孩子有兴趣，那就满足他吧。比如孩子喜欢球，那你可以多买一些圆形的东西；如果他对红色玩具最感兴趣，那就尽量多买一些。

父母不要以一些无关紧要的理由阻止孩子，比如见他对客厅地毯上的小熊产生了兴趣，总是喜欢爬到上面去，千万不要因认为不卫生而阻止孩子，聪明的做法是陪着孩子一起玩。

时刻保持警惕

孩子1岁了，在他身上会发生越来越多的变化，同时这也是考验父母的一个阶段。孩子的安全始终是第一位的，孩子对周围的世界产生兴趣，同时也意味着他不可能再乖乖待在一个地方玩你给他挑选的玩具，所以你应该时刻保持警惕，既要放手让孩子去满足好奇心，同时还要保证他的安全，把容易造成伤害的物品转移出他的视野，要格外注意容易吞食的小东西，比如纽扣、药片之类要收好，定期给玩具消消毒，做好家里的清洁工作等。

1岁的孩子有了主动探索认知的能力，这时候，家长要耐心地陪伴孩子一起探索，陪他们一起玩耍，一起认识这个世界。很多家长都认为，是孩子让他们重新经历了一次成长的过程，是孩子给了他们重新认识世界的机会，是孩子完善了他们对世界的认知。这都是为人父母的重大收获，所以，千万不要错过这段美好的时期。

2. 建立安全感最重要的时期，这个时期是不可逆的

为什么每次一离开，孩子就会大哭

一位上班族妈妈在博客里道出了自己的苦恼：

> 我是一个上班族妈妈，孩子现在1岁6个月了，变得特别黏人。每天早上上班出门的时候，她都会哭闹，不让我走。现在我只能每天趁她睡觉的时候悄悄离开。每天下班一回到家，孩子看见我就格外兴奋，一直黏着我，我走到哪她跟到哪，有时一转身没看见我，她就会号啕大哭。无论是吃饭还是睡觉，都只要我照顾，其他人来帮忙，她就会很不高兴，一直哭闹。孩子这样黏人，该怎么办呢？

　　这位妈妈遇到的情况非常普遍。孩子在成长的过程中，都会有黏人的现象，尤其是在1岁半左右，由于心理发展的需求，会出现一段"黏人高峰期"。有些孩子会特别爱黏着妈妈，黏人的方式也各种各样，比如：看到妈妈要出门，就号啕大哭；需要妈妈时刻注意他、关心他，只要妈妈跟别人说话，他就会又哭又闹；外出的时候，只让妈妈抱着。

　　心理学的研究表明，儿童的依恋行为和睡觉、吃饭一样，是生存的基本需要。孩子在成长的某个阶段特别爱黏着妈妈是正常现象，这是一种依恋的表现，也是这个阶段的孩子必然会出现的心理现象。那么，孩子为什么会变得黏人呢？

　　母婴之间的感情联系具有先天基础。孩子出生后，由于妈妈对他的精心照顾以及相互在感情上的交流，孩子与妈妈之间产生了特殊的感情联系，并逐渐形成强烈的依恋关系。而1岁半左右的孩子处在大脑发育的关键期，他学会了走路甚至奔跑，自我意识也开始萌芽，并且这个时期的孩子性格多变，经常流露出不快乐的情绪。所以，这时孩子会对养育者产生明显的依恋行为，一旦离开依恋对象就会产生心理焦虑和反抗行为。

　　有些父母以为孩子黏人是缺点，其实，依恋情感对孩子心理的发展是很重要的。1～2岁的孩子，他们把自己的依恋对象当作一个安全的港湾，只要稍稍觉得不安，就想回到依恋对象的身边，寻找安全感。适度的依恋，不仅可以使孩子产生愉悦感，还有助于培养孩子对他人的信赖，有助于他将来与人沟通和相处。

　　父母不可能总和孩子在一起，暂时的分离在所难免，那么，作为孩子的父母，我们应该如何应对孩子的黏人行为，让亲子间的"分离"有个健康、科学的程序呢？下面是给为人父母者的一些建议：

　　　　父母在离开的时候要面带微笑，让孩子意识到暂时分开是件很自然的事。

　　　　离开的时候，父母应该果断，但在走之前要告诉孩子你要离开一下，以及去哪里，什么时候回来。尽量不要悄悄离开，否则孩子会产生一种"妈妈爸爸不要我了"的被抛弃感，这样一来孩子的黏人行为就会更加严重。

父母要充分利用和孩子在一起的时间，和他一起玩耍，给他讲故事，全心全意地关注他。这样做，会让孩子非常有安全感，那么他的焦虑情绪就会慢慢平息。

父母可以考虑让其他人帮助照顾孩子，比如适当让祖父母参与育儿生活，从黏一两个人变成黏几个人。慢慢地，孩子就会变得愿意和更多的人相处了。

怎么建立1岁孩子的安全感

1岁这一年是建立孩子安全感的关键时期，如果在这段时期孩子没有建立对这个世界的安全感，就会给他的心理发展及性格形成造成不好的影响。安全感的形成主要依托于母子之间的亲密、信任关系的建立。

那么，如何建立1岁孩子的安全感呢？不妨从下面的环节着手。

爱和满足

如果孩子总是黏着你，千万不要责怪孩子，认为他没出息。孩子黏你，说明他需要你更多的关注和爱。只有张开双臂随时欢迎孩子，最大限度地给他情感上的满足，才能让孩子感觉到，无论遇到什么情况，妈妈都是跟自己在一起的，从而顺利获得对这个世界的安全感。孩子从妈妈那里得到了充分的爱和情感的满足，才会慢慢地走向独立，成为一个对世界有信任感和安全感的孩子。

多做肢体接触

通过肢体的亲密接触，孩子会很容易感受到别人的爱，这在孩子的婴儿期就显示出来了。就算是一个新生儿，在被人爱抚的时候也会露出舒服的表情。1岁的孩子更需要爱，多给孩子一些爱抚、拥抱、亲吻，能让他们的心灵充满爱，让他们产生自我镇静的舒适感和极大的安全感。

尽可能多地陪伴孩子

1岁的孩子更需要陪伴，父母最好尽可能多地在他身边，和他一起玩耍。美国的霍华德·斯蒂尔教授说："这样做会表现出你有多愿意和孩子在一起，你对于孩子是多么的可靠，他的焦虑情绪就会非常少，也容易平息。"要注意的是，陪伴但不要干预孩子的活动，尤其是孩子1岁半后，独立性更强，父母要在孩子需要时出现，不需要的时候，只要静坐一旁即可。慢慢地，孩子可以独自玩耍了，只要能听见你的声音他就能满足，这其实是孩子安全感提升的表现。

不要说类似以下这些破坏孩子安全感的话

"听话！如果你不听话，妈妈（爸爸）就不喜欢你了。"这样的话会让孩子觉得你的爱是有条件的。

"我说不行就不行！"这种武断、要挟的话会使你和孩子的关系对立起来，破坏孩子对你的信任和依恋感。

"快睡觉吧，不睡的话，大灰狼就要来找小朋友了！"这容易使孩子产生恐惧感而不安，会破坏你与孩子之间建立的安全感。

最重要的事：要让孩子与照顾者有一种依恋关系

成年后的所有关系模式是幼年时依恋关系的复制，如果一个人幼年时的依恋关系是不稳定的，长大后与其他人的依恋关系也会如此。

母亲是孩子最合适的依恋对象，但并不意味着孩子的依恋对象只能是母亲。重要的是，要让孩子有一个稳定的依恋对象，这个人要尽可能少地和孩子分开，不让孩子承受长时间的分离造成的焦虑。

美国幼儿心理教育学家根据一项研究结果指出，孩子与母亲或其他依恋对象分离3个月以上会导致严重的心理缺陷。

如果你没有足够的时间和孩子在一起，那么就一定要帮助孩子和一直照顾他的人建立一种安全的依恋关系，总之，要让孩子感觉到足够的爱和温暖。对于上班族的妈妈来说，至少需要有两个人能同时担当起照顾孩子的任务，以保证当照顾孩子的人需要替换时，孩子在心理上能顺利过渡。

3. 牙牙学语——1岁幼儿的语言发展过程

1岁2个月是语言准备期，此时的孩子喜欢听他人说话

孩子最初是从哭和笑开始锻炼语言能力的，他们从"嗯嗯啊啊"开始，渐渐发出"mama""baba"之类的音节，这个过程需要七八个月的时间。孩子的语言学习是一个积累的过程，他们从听开始，然后到模仿阶段，最后到能清楚地说。幼儿语言有两种类型：一种是接受性语言，也可以称为理解语言，即对父母的某些语言做出反应，如他们能听懂"找一找""拿起来"之类的话；另一种是产生性语言，也就是真正意义上的说话。

1岁2个月的孩子处于语言准备期，就是说他们首先发展的是接受性语言。这个时期，孩子喜欢听大人说话，能慢慢理解话的意思，1岁半以后，再由理解到能表达自己的意思，最后一直要到三四岁甚至五六岁才能说完整的句子，流畅地表达自己的想法。当然实际情况并不绝对，会有个体差异，有的孩子1岁3个月就能说简单的词了，有的到了2岁还没有大的"动静"，还只是用手比比画画地表达。通常，女孩比男孩说话要早一些。

对于语言准备期的孩子，家长要尽可能地丰富孩子的语言环境，比如教给他对各种身份的人的称呼、家里的生活用品名称、人的五官名称等。

要促进孩子的语言发展，父母必须尽量对孩子进行语言的输入，也就是多满足孩子学习语言的需要。具体怎么做呢?

不妨做个"话痨"

要尽量让孩子听，父母不妨担任"话痨"的角色，不停地说，说食物、说玩具、说人、说事、说景……别管孩子有没有及时回应你，也别管孩子是不是在认真地听。也可以把孩子的话进行扩充，如孩子说"妈妈，娃……"时，你可以说"好，妈妈给你捡起娃娃"，或者说"妈妈给你拿娃娃，娃娃在爸爸的写字台上"。

做"话痨"也要讲究方法：一是要重复，幼儿的心理特点决定了他们的语言学习具有重复性，反复让孩子听到一些简单的发音，孩子就会不断地加深印象；二是要正确发音，让孩子在储备语言的同时学会正确发音是非常重要的；三是要夸张，父母说话的口形与表情要适当夸张一点，说得慢一些，让孩子注意你的口形和声音以及你要教他说的话。

给孩子读读书

还可以给孩子读一点简单的童谣、故事等。通过听爸爸妈妈读，孩子会加强聆听和辨音的能力，还能增加词汇量，为下一步的语言表达打好基础。

1岁半的孩子逐渐会表达自己的想法了

1岁半左右，经过语言准备期的积累，孩子逐渐能够用简单的字和词表达自己的想法了。不过大体来说，1岁到1岁半的孩子处于单词句阶段，也就是用一个词来代表一个句子，也常常一词多用，如当他们说出"鞋鞋"时，可能是想让妈妈帮自己穿鞋，也可能是指鞋里面有什么异物让他的脚不舒服，也有可能是表示想出去玩。

1岁半的杨杨会叫"爸爸妈妈"了，看见桌上的奶瓶，发出含糊的呼唤："奶……奶……"妈妈听见了说："妈妈知道了，宝贝要喝牛奶，是吗？"要出门的时候，杨杨对爷爷说："鞋，鞋……"爷爷明白了："爷爷的小孙孙，你是要穿鞋吧，你想跟爷爷出去玩啦？"

一般来说，1岁多的孩子和杨杨一样，基本上会说话了，只不过他们更多使用单音节词，也会把一些单音节词重复，有以音代词、一词多意、以词代句的特点。不管怎么说，孩子已经从听开始到说，进入了运用语言期，此后，孩子掌握的词汇数量会逐渐增多。这是孩子语言发展的过程。

在孩子1～2岁阶段，父母要注重的是孩子的"说"，在语言方面的教育重点是如何引导孩子多说和怎样说。

要想让孩子多说，我们就要努力创造一个好的语言环境，尽量创造和孩子互动对话的机会，促使和鼓励孩子尽可能多地运用语言与人交流。研究表明，在孩子所掌握的词语和句子中，有三分之二是通过与成人的日常交流而获得的，这种日常的交谈融语言、动作、情感为一体，我们称之为"整合式交流"，多与孩子进行整合式交流是实现孩子语言快速发展的核心策略。围绕着这个中心，我们可以运用下面的方法促进孩子对语言的运用。

引导孩子多指认

对于孩子还没有掌握的某些词，父母可以在孩子接触这些事物的时候进行加强训练，比如：在给孩子准备食物的时候，问他"牛奶在哪里""甜饼在哪里""苹果呢"等等；在给孩子穿衣服的时候，可以要求孩子指出上衣、裤子、袜子；出去玩儿的时候，可以问孩子"天空在哪里""树和花分别在哪里"。这个过程非常有益：一方面孩子指出来的时候表示他理解了，不理解的也会在这个过程中加深认识，积累新的词语；另一方面，在听大人告诉他名称的时候还会进行发音的模仿。此外，还可以引导孩子指认图形和符号，如书上的小动物、马路上的红绿灯、照片里的人等。

多练多帮助

当孩子有了表达的欲望，有时他会自言自语，这时我们不要觉得奇怪，而要抓住机会，好好引导。比如在给他玩具的时候，可以问他："这是什么，告诉妈妈好不好？"帮助孩子表达就是在孩子无法用语言讲出自己的愿望时，你可以帮他一下，比如孩子用手指着阳台外面，你可以问："你是不是想要出去玩呢？"这需要我们仔细观察孩子的表情和动作。

孩子能表达一点自己的意思时，作为孩子第一听众的父母还有两个任务，那就是注意纠正孩子不准确的发音和及时纠正孩子的口吃。

纠正不正确的发音和说法

孩子在学说话时，有不正确的发音，父母要尽量纠正。纠正不是当场打断孩子，而是不动声色地示范给孩子正确标准的读音。

大多数1岁孩子在表达语言时都有一个习惯，那就是把一些单音词重复，如把"西瓜"叫"瓜瓜"，把好吃的叫"吃吃"等。有些家长认为孩子只能听得懂这些儿语，或他们自己觉得这样的语言会让孩子更容易理解，不仅不帮助孩子纠正，还无意识地跟着孩子学这种说法，以为是在拉近与孩子的距离，进入他的世界，其实这样会使孩子误以为自己的语言习惯是正确的，这样会阻碍孩子日后尽快完整流畅地说话，也就是影响孩子进入说"成人话"阶段的进程。

孩子刚开始说话时，只会说单音节词，为了方便掌握，我们不必生硬地阻止孩子。但随着孩子语言能力的提高，我们就要纠正他喜欢叠词的习惯，给他示范正确的说法，尽量让他脱离"奶词"。

注意消除口吃

1岁半的孩子由于词汇量少，容易因表达跟不上思维而出现口吃的现象，父母对此不要担心，随着孩子词汇量的增加，这种情况会逐渐消失。家长要了解的是孩子是否因为情绪紧张以及模仿周围的人而引起口吃，如果是，就要帮助孩子远离口吃环境，或及时帮助孩子消除紧张的情绪，使孩子形成良好的表达习惯。

1岁半以后的幼儿正处于"双词句"阶段，出现了"词语爆炸现象"

从开口说出简单的几个词到孩子1岁半时，大概能掌握50个以上的词。只用单词表达的单词句阶段过后，1岁半至2岁的孩子的语言表达进入了双词句阶段，双词句就是两个词语组成的不太完整的句子，如"妈妈奶奶""爸爸抱""宝宝拿""不要"等，由于这些短句类似电报里的语言，所以也被称作"电报句"。爸爸妈妈会觉得自己的宝贝好像一夜之间就学会说很多话了。

1岁半以后的孩子说话的积极性很高，他们对词语的理解能力也迅速提高，词汇量大幅增加，能达到300个左右，出现了"词语爆炸现象"。双词句也在快速增长，21个月的孩子掌握的双词句大约是60个，到了孩子两周岁时则大约有1000个。

美国的心理学教授鲍勃·麦克默里经过研究，认为"词语爆炸现象"是一种"滚雪球"效应，是日积月累产生的。看似孩子在学会说"妈妈"之后隔了很长时间才会说"爸爸"，事实上，孩子是同时学习这两个词的，即"并行学习"。麦克默里的研究结果显示，词语爆炸现象产生的原因，可能和语言的结构方式有关。在几乎所有的语言中，大多数的词语是中等难度，低难度和高难度的都很少。孩子并行学习多个词语，且多数为中等难度词语，就会出现这种现象。

双词句对孩子语言的发展起着重大的作用，你会发现1岁左右，或者1岁以后，孩子的完整句型都是由那些句法不完整的双词句扩展成的。

在孩子的表达处在双词句阶段时，父母们要利用好孩子表达积极性、掌握的词语量激增和对周围事物强烈的好奇心，继续运用单词句阶段所使用的方法鼓励孩子多说话、说好话。还要提醒家长们注意，这个阶段的后期，孩子会进入第一反抗期，表现在语言上也具有反抗性，喜欢对各种事物提问，这也是语言学习的方式，开始出现疑问句和否定句，常把"不"挂在嘴边，作为家长的你一定要耐心解答孩子的疑问。

第二章

父母的惊人影响力：在漫长的1岁时期，

你就是他的整个世界

我们常用这种想法来自欺欺人：我们已经给了孩子生活必需的东西，如漂亮的玩具、丰富的食物，他们还缺什么呢？是的，我们已经想得够周到了，吃的喝的等面面俱到，似乎没有什么可以改善的了。然而真是如此吗？

1. 父亲与母亲的角色分工是什么

父亲应该如何与1岁孩子建立亲密的关系

丁丁的爸爸是一名军人，他长期在外，平时很少回家。因此，在丁丁的印象中，爸爸只是个隔一段时间就出现在自己家里的陌生人。他对爸爸刚刚有所依恋，爸爸却必须匆匆离家。

丁丁的胆子很小，一条毛毛虫就能吓得他哭半天。他也不喜欢跟别的小朋友玩。自己一个人涂鸦的时候，一个简单的涂色他都犹豫不决，好半天也确定不了该用什么颜色……

父亲对孩子而言是一种非常独特的存在，他对孩子的培养有一种特殊的力量。美国耶鲁大学进行了一项连续12年的研究，最终结果表明，在成长过程中有爸爸充分参与的孩子，长大之后表现得更为聪明，精力旺盛、善交际，也更善于理解和接受科学文化知识。国外的研究还表明，父亲除了影响孩子的智商，还有助于孩子语言的发展和"情商"的培养。

父亲的作用为什么如此重要呢？这是因为父亲与孩子相处时，更容易培养孩子坚毅勇敢的性格。另外，父亲本身所具有的一些特质，比如沉稳、自立、勇于担当等，更容易在潜移默化中对孩子产生影响。所以，那些父亲缺位的家庭中的孩子，就很容易出现"父爱缺乏综合征"：性格上表现出害羞、沮丧、自暴自弃、不求上进、不善交际、急躁冲动、喜怒无常、感情冷漠、害怕失败等特点，严重者甚至会反叛和崇尚暴力。美国的相关数据表明：70%的少年犯出自单亲家庭；60%的强奸犯、72%的少年凶杀犯、70%的长期服役犯人来自无父家庭；在无家可归和离家出走的孩子中，有90%来自无父家庭；戒毒中心有75%的青少年来自无父家庭。

看来在家庭教育中，父爱不容缺失，否则后果很严重。单亲家庭，父爱缺失容易理解，那么在正常的家庭中为什么会出现父爱缺失的情况呢？原来，父亲往往扮演着家庭供养者的角色，除了忙于生计没工夫管孩子之外，还有就是对夫妻矛盾的逃避，客观上减少了孩子的父爱。当夫妻之间有了难以调和的矛盾时，妻子往往专心于孩子，在孩子身上找寄托，而丈夫的做法通常是醉心于工作或社交，以求弥补家庭生活中的情感缺失，因此便形成母亲过度关爱、父亲角色缺失的情况。

为了孩子的健康快乐成长，做爸爸的又要如何跟孩子建立良好关系呢？

父亲要多与孩子互动

爸爸在孩子眼中本就是身体健壮、富有活力和安全感的形象。因此，在孩子学习走路、跑跳的时候，爸爸可以多多参与，一方面可以让孩子充分发挥自己的天赋，促进孩子运动能力的发展，另外则可以在跑、跳、攀、爬等活动中让孩子充分感受到父亲的顽强与坚韧，并将其发展为自己的性格。

另外，父亲也要多与孩子一起玩耍，诸如进行猜谜、讲故事、搭积木等启智性活动，这样在启迪孩子心智的同时，也能够帮助孩子获得更多喜悦。

重"量"更要重"质"

爸爸与孩子相处的时候，不仅在时间上要有"量"的保证，在内容上更要有"质"的保证。很多父亲以为，只要跟孩子在一起就是陪伴，于是常常一边看孩子，一边玩手机或者看电视。其实，这样的陪伴虽然不会对孩子的身心发展带来坏处，却也不会有任何好处。有质量的陪伴，是要能够在父子间建立更深层次的感情，形成并积累快乐的回忆。因此，父亲应该精心安排一些与孩子共处的时间，比如父子俩一起搭建一座模型，或者去动物园、游乐场等，父子一起度过一段快乐时光，然后将快乐储藏起来。

和孩子建立平等关系

有些父亲太过严厉，总是把孩子当成自己的附属物，一副高高在上的面孔。这样的父亲虽然能对孩子形成震慑，但是很不利于父子关系的发展。父亲应该学着放下身段，站在和孩子平视的角度，把孩子当作自己的朋友来与之相处，这样才能正确了解孩子的想法，并与孩子建立真诚、牢固的亲密关系。

妈妈的爱是孩子最原始、最强烈的需要

我们常用这种想法来自欺欺人：我们已经给了孩子生活必需的东西，如漂亮的玩具、丰富的食物，他们还缺什么呢？是的，我们已经想得够周到了，吃的喝的等面面俱到，已经没有什么可以改善的了。然而真是如此吗？

在一家慈善育儿机构里，有一位长相较差的小男孩被母亲遗弃。令人欣慰的是，那位看护他的阿姨非常喜欢他。有一天，这位善良的阿姨告诉孩子的母亲："你的孩子真是越来越漂亮了。"听到这一消息后，妈妈便去看那个小孩，但失望的是，她发现她的孩子还是原来那样，一点也没改变。过了一段时间，看护阿姨又向那个孩子的妈妈说，她的孩子又变漂亮了。这位妈妈又半信半疑地去看孩子，发现孩子真的比以前好看了，言语之间多了几分灵气和活泼，看上去确实漂亮多了，她不由得感到震惊。也许孩子就是在伟大的爱的影响下改变了。

这位看护阿姨到底给了男孩什么？她好像什么都没有给，然而又什么都给了。而那个妈妈呢，看似提供了一切，其实什么也没有给孩子。

是的，孩子最需要的是爱。一个幼小的生命需要在爱的包围下才能健康成长。一旦爱有所缺失，受伤害的不仅是孩子的心灵，他的身体也将饱受

痛苦。

作为父母，我们应该知道：仅有丰衣足食和漂亮的玩具对一个孩子的成长来说，是远远不够的；孩子的健康成长需要内心的快乐和爱的呵护！

荷兰有一家慈善机构，人们将一些失去父母的孩子安置在那里，那里的孩子都处在一种看似很完善的并且管理科学的环境中——那里不仅有营养丰富的食物，还有受过良好训练的护士。但奇怪的是，没多久这里出现了一种奇怪的疾病，导致许多孩子死亡。而当地那些由低收入父母照顾的孩子反而没有得这种病，甚至比这些受到特殊照顾的孩子更健康。研究发现，原来这些夭折的孩子是因过早缺乏母爱而得了心理疾病。后来那些受过训练的护士开始用母亲对待子女的方式对待孩子，平时多抱抱孩子，面对他们经常微笑，并和他们做游戏。时间一长，这些孩子逐渐恢复了笑容与健康，后来再也没有出现孩子意外死亡的事情。

一个幼小的生命作为父母爱的结晶，他需要在一个充满爱的环境里诞生并成长。法国生物学家法布尔在总结物种延续的问题时提出，母亲对孩子的爱，有一种伟大的母性本能。

我们对于孩子的爱，是出于情感的需要，并不是刻意而为的，这种情感与慈善家、宗教家或社会活动家所要唤起的同情之爱不一样，那是一种自我牺牲、无怨无悔的奉献之爱，而对于父母来说，他们所做出的牺牲十分自然。

母爱是一种伟大的力量，然而，随着时代的变迁和社会的发展，许多自然赋予母亲的本能已经受到压抑甚至消失了。以前，母亲在用母爱保护孩子的同时，可以为了生存带孩子到各种地方，而这也正好为孩子敏感期的发展提供所需要的环境，但现在的妈妈早已失去了这种本能。

作为母亲，必须重拾这种失去已久的母性本能。我们在这里强调母爱，是因为母爱和孩子自然发展的重要性一样，两者是相辅相成的。为人母者必须认识到，她们一定要在孩子一出生时就给予其心灵上的保护，不要仅限于满足孩子生理上的需要。

2. 1岁到1岁半：孩子喜欢适合他们的环境、支持他们的父母

父母要着手布置孩子喜欢的家庭环境

设想一下，如果我们生活在一个巨人族之中，看着周围的一切，发现他们的腿奇长，体形巨大无比，运动能力也不知比我们强多少倍，而且他们的头脑比我们敏捷、聪明，当我们想迈进他们的房间时，发现每道门槛都要高于我们的膝盖。我们想爬上去，也得有他们的帮助才能成功；我们想坐下，可那椅子竟与我们的肩一般高。如果巨人还微笑着对我们说："我们一直盼望着你们到来呢。"那我们只能遗憾地说："你们连迎接我们的准备工作都没做好，我们怎么能快乐地融入到你们的生活里呢？"

很多大人会一厢情愿地认为，这些孩子正处于玩的年龄，所以他们总是从玩具店买来一大堆的玩具，希望通过各种玩具满足孩子的需要，然而这些机械、死板的玩具并不能完全吸引孩子，孩子真正想要的东西并不只是玩具。

要知道，当孩子来到这个世界时，他们首先需要一个有利于他们身心健康发展的、丰富多彩的、富有吸引力的环境。事实上，在孩子眼里，那些类似于日常生活用品的东西比玩具更好玩、更有趣，比如小扫帚、小凳子、小盘子之类。

大人们只为自己准备了房间、衣柜，这些成人世界的东西，孩子们并不

能轻松地驾驭。毫无疑问，这些都是成人对孩子心理需求的漠视，其根源就在于没有人认为孩子也是一个活生生且有独立思维意识的人。

所以，建议家长们：尽量为孩子创造一个与孩子能力相匹配的环境，并让他轻松、快乐地生活在其中。这不仅有助于提高孩子的能力，而且也会让他们更加热爱周围的环境和生活。相信他们在这种环境中所表现出来的积极生活态度会令你惊叹不已。

无论怎样，单独的房间也好，一个小小的角落也好，都要使孩子可以快乐地享受属于自己的天地。

说孩子无理取闹，不如说是大人沟通无方

一位妈妈这样描述她的烦恼：

我1岁10个月的女儿最近常常大发脾气，一旦有什么事情不合她心意，就会立刻躺在地上号哭。而且每次发脾气都劝说不住，开始是哄，后来是劝，现在无论呵斥还是打骂，都没办法将她的情绪"安抚"住。我现在都不愿意带她出门了，因为你都不知道她什么时候会爆发。她以前不是这样的啊，以前一直都是我的乖囡囡，温顺有耐心，这孩子现在究竟是怎么了啊？

对于这位妈妈的描述，想必很多父母都不会陌生，而且对于自家孩子从"天使"到"魔鬼"的突然转变，也往往和这位妈妈一样，有些手足无措。

1岁半以后的孩子，有了更多的自我意识，身体和精神的双重发育，让"好奇宝宝"们一心想探索自己的能力，进入未曾探索过的领域，甚至去尝试超越自己能力的事情。于是，孩子最明显的特点就是"倔"，总是把自己当成敌人，跟自己较劲。频繁的失败必然会引起他的挫败感以及随之而来的愤怒。所以，除了"倔"之外，这一时期的孩子还有一个普遍特

征，那就是点火就着，频频哭闹。面对这样的变化，很多父母一时摸不着头脑，很容易用老办法应对："不行，那个东西你不能碰！""宝贝，你干吗呢，那个地方不能爬！""放下，这不是玩具，你还太小，这个你长大了才能用"……急于证明自己独立性的孩子，依然时时处处把孩子当婴儿照顾、看护的大人，双方便有了太多的不理解和不认同，冲突自然激烈起来。

除此之外，家庭环境对孩子情绪控制力的发展也有很大影响。如果父母本身脾气不好，高兴时就把孩子宠得像宝，情绪不好时动辄责骂，或者对孩子的许诺常常言而无信，长期的熏陶之下，孩子就会对父母行为乃至整个家庭环境产生困惑，长时间的压抑与不满，也会变成防不胜防的暴怒。

一个人能否成功，80%由情商决定，而情商的重要组成部分，就是情绪管理能力。每个人都会生气、伤心、沮丧和失望，不同的是，情绪管理能力强的人能够用健康的方式表达情绪，哭喊、尖叫、摔东西、骂人甚至打人，都不会将一个人的身心引向健康的方向。因此，孩子的情绪控制能力，是需要父母花费很多心思去锻炼和培养的。

帮助孩子正确"出气"

沮丧是很多孩子乱发脾气的根源，当孩子想做什么却无能为力，或孩子正兴高采烈做一件事而因为危险或不符合规矩遭到大人的制止时，沮丧情绪便很自然地产生了。然而，对于一个心智尚不成熟的儿童来说，他无法因为危险或规矩就抑制住自己与生俱来的通过触摸认识世界的愿望，发脾气便成为他此时修复情绪故障的必然途径。这个时候，如果父母只是不分青红皂白地禁止孩子发脾气，他的沮丧情绪就会悄悄积累，孩子也会控制自己探索世界的欲望，这对孩子未来的发展无疑是更大的隐患。

相反的，父母应当转移他的注意力，帮助他们平静下来。比如，当孩子因为不能出去玩而生气时，就可以打开孩子平时爱看的动画片或爱听的音乐，以吸引他的注意力。当然，父母千万不要因为孩子耍赖就心软迁就他的不合理要求，这样只会助长他乱发脾气的毛病。

公共场合绝不妥协

当孩子在公共场合，比如超市、马路或公园哭闹时，家长往往为"息事宁人"而倾向于妥协，这就容易给孩子造成"发脾气"是达到目的有效手段的印象。因此，父母在这个时候的态度和对孩子的引导方式特别重要。如果孩子提出的要求是合理的，及时满足是非常有必要的；相反，如果是不合理要求，就要直接答复他，等回家再说。父母一定要立场分明、态度坚定，使得孩子不敢再利用这种场合提不合理要求。

给孩子积极的关注

第二次世界大战期间，美国招募了一批没有接受过良好教育的社会闲散人员到前线打仗，他们纪律散漫，不听指挥。后来，当局请来心理学家帮助管理。心理学家要他们每人每月都给家人写一封信。他们很高兴，但都不知道写些什么。于是，心理学家就将信的内容拟好，要他们自己抄一遍。信的内容是要他们告诉亲人，自己在前线如何勇敢如何立功等，每次的内容大同小异。半年之后，他们竟一个个都变了样，变得像信中说的那样勇敢和守纪律。

是什么原因使他们变好了呢？这就是良好愿望的暗示作用。这个试验说明：人都需要给予积极的关注。

成年人尚且如此，更何况孩子？所以，妈妈们在教育孩子时，需要多给孩子以积极的关注。所谓积极关注，是指对孩子的言语和行为的积极面、光明面或长处予以选择性的关注，从而使孩子拥有正确的价值观和积极的心态。

    有个1岁多的小女孩特别害羞，一看见家里来客人就藏起来，妈妈怎么叫也不出来，妈妈只好把她抱出来。女孩趴在妈妈的怀里，抬起一张羞涩的小脸，用大眼睛怯生生地看着客人，不管对方如何热情地打招呼，她都不说话。

    当客人离开她家时，她妈妈再三劝说她与客人说"再见"，小女孩才勉强与客人摆了摆手，还是不说话。妈妈送客人时，很抱歉地说："我女儿就是害羞，见到生人就躲起来，其实她平时在家话很多的。"

    这时一位客人说："没关系，害羞是可以改掉的。美国的卡根教授曾经说过，人们把脚伸进水中慢慢试探，从而逐渐克服对海洋的恐惧。害羞也一样。你可以试着带她去各种新场合，直到孩子适应它们。许多害羞的孩子长大成人后就不再害羞了。"

    这位妈妈很聪明，一下子就明白了要对女儿采取积极鼓励的方式进行引导。

    后来，每次家里来人，女儿能从自己的小屋里走出来时，她就为女儿鼓掌；如果女儿能向客人微笑一下，她就会奖励孩子一颗最爱吃的糖果；如果女儿偶尔能说一句话，等客人走后，她就会给女儿讲许多她爱听的故事。同时，这位妈妈也暗地里与去她家的客人打好招呼，"你们要尽量让我女儿与你们说话"。此外，她也尽量带孩子到人多的地方去玩。渐渐地孩子的脸上露出了开心的笑容，也愿意主动与别人讲话了。妈妈紧张的心也轻松了许多。

    几个月后，那几位客人又到她家去玩，小女孩看见了竟然主动来拉客人的手，让客人坐到沙发上，给她讲《白雪公主》《小红帽》等故事。听完故事，她又拉着客人的手，把客人带到她的活动室，让客人玩她的玩具，与她一起搭积木等。

    客人们都很惊奇，不明白为什么才几个月时间，小女孩的变化就这么大。妈妈高兴地说："这就是你们告诉我的卡根教授理论的运用结果。"

这真是一位好妈妈，积极听取和吸收别人的意见，及时调整自己的教育方法，最终使孩子恢复了开朗、活泼、自信的本性！而她所采取的方法不正是积极的关注吗？

3. 1岁9个月：用孩子喜欢的方式，尊重他的个性发展

千万不要打扰孩子：谈孩子的"动手"乐趣

我们一般都会有这种心理，当看到刚学会走路的孩子尝试着去拿杯子或者搬东西时，总是控制不住想去阻止或者帮助他。面对孩子的举动，我们本应怀着积极的心态去鼓励孩子，而很多父母却发出一声呵斥："不要碰！"孩子想自己梳头或者穿衣服、系鞋带，父母不但不鼓励，反而横加指责。孩子是不可能迅速把鞋带系好的，如果我们来帮他，那肯定又快又好。然而如果我们真的这样做了，孩子并不感恩，我们的做法甚至还会引起孩子的反感和哭闹。

一位妈妈看到儿子想把装满水的水罐拿到客厅里去。孩子的表情有些紧张，还小声地说"慢……慢……"。她看到后就忍不住跑过去帮孩子，结果孩子一脸的委屈和失望。

大人为什么要这样做呢？一方面是因为父母想帮助孩子，另一个方面就

是怕孩子给自己惹"麻烦"。然而，他们不知道，这样一个小小的举动其实破坏了孩子动手的乐趣。孩子通过拿杯子或搬东西，能使自己手部关节更灵活，更重要的是，孩子只是想进行一次快乐的尝试。

孩子们喜欢通过手的运动发展自己的心智，所以他们总是在周围试图找一些能够用来支配的东西。只有通过这样反复的接触和锻炼，他们才会变得灵活和聪明。而在现实生活中，孩子们的这种需要却被忽视了，周围的东西对他们来说都是禁止动用的。

一个1岁半的孩子，看到了一摞刚刚熨好的毛巾整齐地叠放在一起，他拿出其中的一条非常小心地捧在手里，转过身放到沙发上，然后又用同样的方式拿起第二块毛巾，放在第一块毛巾的上面。他不断地重复着这项工作，直到把所有的毛巾都放到沙发上。接着，他又把所有的毛巾一块一块地放回原先的地方。虽然这些毛巾不像最初放置的那样完美，但看上去还是比较整齐的。

这个聪明的孩子很幸运，这个在大人看来有些无聊的"工作"中，没有人去打扰他，他很快乐、满足地完成了这个在他看来非常有意思的活动。不幸的是，有很多孩子在类似这样的行为中会多次被大人呵斥，有的孩子甚至会挨打。

在用双手拿某一个物品的时候，孩子们并不是漫无目的的，他是从大人的活动中得到了启发，想通过模仿大人亲手使用或处理物品。在这个过程中，孩子会试着扫地、洗衣服、倒水、洗澡、梳头、穿衣等。这种模仿本质上是一种成长的表现。

所以，千万不要去干扰孩子。如果我们不理解孩子喜欢动手的真正原因，那我们也无法体会到孩子劳动之后满足而又愉悦的心情。所以，家长朋友们，如果孩子在动手过程中给你制造了什么麻烦，也不要大惊小怪，问问自己：难道孩子双手的锻炼和智力的成长还没有一只杯子重要吗？

其实孩子和大人一样，也需要"工作"

如果说小孩子也需要"工作"，大人们肯定会打个大大的问号："嗯？他们也要工作？他们也不缺钱，吃的喝的什么都有大人供应着，再说，工作是要回报的，没有回报，他们为什么要工作呢？"

> 一个小电子琴在房子中间，孩子拿着一个小塑料锤子敲打着，电子琴发出几个杂乱的音。妈妈给孩子做示范，用手在琴键上按1、2、3，孩子很高兴，嘴里"啊啊"地叫着，抠抠这儿，摸摸那儿。研究了一会儿，孩子又从自己的玩具柜上拿出一只熊，把它放在凳子上，他也坐上去，小熊倒了，他又下来扯着小熊的"胳膊"把它放到一辆小卡车上。小卡车似乎太小，小熊只能压在上面，他也不管这么多，拉着卡车前面的绳子摇摇晃晃地走着，有时还回头认真地看看，然后又满意地走起来。

没错，小孩子也需要"工作"，这个工作就是游戏等各种活动。例子中小孩的工作就是玩琴、玩具熊和小卡车。小孩子做这些工作非常投入和享受。大人工作是为了赚钱或者实现什么目标，而小孩子的"工作"目的要纯粹得多，儿童的生命潜力是通过自发的冲动表现出来的，其外在表现就是儿童的自由活动，做各种探索和实践，他们的工作是一种自由、自主、自助的活动，是儿童喜欢并乐在其中的活动，是手脑结合、身心协调的活动。1岁孩子的工作就是玩，他们投入了相当多的精力。在玩的过程中，孩子学到了很多，摆弄玩具让他们的肢体得到锻炼，操作事物可以让他们从中获得经验，使感觉器官快速成长，有利于观察力、想象力、运动能力、社交能力的提高，以及良好的个性品质和积极情绪的培养。

孩子的"工作"没有外在目标，"工作"对象也比大人单纯。一块积木，一个小木碗，一片树叶，一个小球……在我们眼里感觉非常无聊的东西，他们玩起来却情趣盎然。当某个东西吸引了他们，他们就要用自己的身体所能使用的任何方式去了解它，一旦投入到自己喜欢的"工作"中，他们就会忘记一切。

孩子每天离不开"工作"，我们大人应该多尊重和配合孩子的"工作"需要，给他们准备感兴趣的小物件，优化孩子的"工作"环境。除此之外，爸爸妈妈也不妨参与到孩子的"工作"中，帮他们出些好点子，做一些有启发性的示范，供孩子模仿和参考。

重复练习是1岁孩子专注力萌发的表现

有一位妈妈讲述了自己1岁9个月的女儿小美的一件"怪"事：

> 女儿每天临睡前都很乖，通常都会主动躺在自己的小床上，听我唱着儿歌就睡着了。这几天，她不知怎么了，一点睡意也没有，总喜欢玩弄枕头上的一块枕巾，她拿起小枕巾，把它平放、对折，这个简单的叠放动作要花好几分钟。好不容易叠好了，我松了一口气，以为这下可以睡了，谁知，孩子又从被子上把枕巾拿下来，和刚才一样，把枕巾展开，平铺，认真地叠起来，还是重复刚才那套动作，每完成一个动作，孩子就满意地笑笑。我看了一下表，同一套动作孩子做了将近半个小时，她却意犹未尽。

如果你的孩子也有类似的行为，那你就要足够重视，这是孩子专注力萌芽的表现。

例子中的女孩如此专注地反复做一件事，这样的情况在其他孩子身上也会出现，我们称之为"重复练习"。每次完成体验之后，他们就像完成某种重大的任务一样，内心充满了喜悦和快乐。

孩子正处于注意力不能持久的年龄，注意力会不停地从一件事转移到另一件事。然而，孩子一旦碰到吸引他们的事物，就会忘我地投身其中，并一再地重复训练，注意力的集中程度十分惊人。

其实孩子们的这种重复练习，正是其锻炼和学习的过程。通过反复的训练，他们的各种生活能力得以提高，智力也因此得到发展。只要一开始学习就很仔细，不放过每个细节，那孩子们就会不断地重复这个练习。他们在这个过程中获得了大人难以想象的乐趣和满足。

正是通过这种看似毫无意义的重复练习，孩子的能力才得到了锻炼和提高。而且在这一重复练习的过程中，他们一直处于忘我的状态，这有助于集中孩子的注意力，从而提高孩子的智商。

放手，让孩子慢慢来

著名教育家蒙台梭利有句名言：Follow the Chid（跟随孩子）。这句话蕴含着非常深刻的道理，甚至可以成为新生儿父母养育孩子的行为准则。

生活中，我们常常会看到这样的情形：有的孩子一摔倒了家长就马上扶起；有的父母因为担心孩子摔倒而一直抱着孩子，不舍得让孩子自己走路，生怕孩子磕了碰了；还有一种家长，对孩子的成长进度特别着急，孩子还没有走稳，就想让孩子跑，孩子还不会叫妈妈，就着急地让孩子念古诗。

这几种家长都太过极端了。对幼儿的身心发展特质缺乏科学的认识，违背了幼儿的成长规律。

家长的前两种行为说明，他们并没有把孩子看成一个独立的个体，没有尊重孩子对独立的要求和渴望，无形中阻碍了孩子的成长。当父母给孩子喂饭时，孩子拒绝，并试图抢走你手中的筷子或勺子，意思是要自己来。如果你坚持代劳，坚持不肯放手，那么孩子自己学习做事的兴趣就没有了。被"过度保护"的孩子，往往容易错过各方面能力发展的黄金时期，从而造成不可弥补的损失。

一位妈妈给专家写信，信中这样说：

我的孩子快2岁了，什么都不会，爸爸妈妈也不会叫，别的孩子都能到处走了，他还整天让人抱着，特别胆小。

后来经过详细的了解，专家才知道问题就出在这位妈妈身上。孩子只要一走路，她就忧心忡忡，不时地在旁边说："注意，危险！"后来干脆抱着他。平时没等孩子表现出饿，她就忙着喂孩子，事事处处小心，一切包办代劳。

在孩子成长的过程中，父母要学会扮演"观众"的角色，在一旁欣赏他、观察他，适时地给他排除阻碍和危险，就像种了一棵小树，我们只要适时地拔除杂草，保证充足的水就可以了。要学会给孩子留出他自己的成长空间，让他单独享受各种快乐，不要时时刻刻都参与其中。

家长对孩子的成长过程要有一个正确的认识。或许大多数父母习惯了1岁前孩子发展的速度，习惯了他们一天一个样，所以觉得1岁孩子的成长减缓了。很多家长因此而对孩子的成长期望过高，总是想让孩子按自己的设想来发展。其实孩子的成长是有规律的，只有到了某个阶段才会获得相应的某种能力，人为的干预和提前训练都不会加速孩子的成长，家长再着急也没有用。幼儿成长不可能跨越任何一个阶段，也就是说，没学会走肯定是不会跑的。此外，孩子之间都有差异性，每个孩子有自己的成长规律，刻意地拔高无异于拔苗助长，只会适得其反。我们要根据孩子的情况，调整自己的心理预期，放手，follow the child，让孩子慢慢来。

第三章

1岁孩子的成长表现：
走路、说话和智力发育

幼儿天生敏感，他不时做出令大人无法理解的举动。如果孩子失去了这种敏感性，必将变得性格软弱和对周围事物丧失热情。

1. 14～18个月，这个时候的孩子非常喜欢自己走路

请对孩子迈出的第一步倾注最大的热情与关怀

大多数孩子在1岁2个月左右时，就已经不再满足于扶着东西站立和在妈妈的搀扶下迈步了。实际上，当孩子能站起来时，他就开始有了尝试独立走路的强烈愿望。不知不觉中，他松开了妈妈的手，撒开了扶着的东西，晃晃悠悠、颤颤巍巍，眼看着要迈步了，却"扑通"一下坐到了地上。你以为孩子会哭泣，可他却开心地笑了。

当妈妈把孩子扶起来时，孩子又主动放开了妈妈的手，妈妈站在大约两米的地方看着他，向他拍手，孩子仿佛受到了鼓舞。忽然，他向前迈出了一步，然后跌跌撞撞扑向了妈妈的怀中！

孩子就这样学会走路了，这真是太神奇了，几乎是几秒的工夫！这是他成长过程中的一次重要飞跃。

学会了走路意味着从此他对世界开启了全新的视角，开始了更为广阔的探索，他可以多方面地接触和认识世界，心智也会跟着成熟起来，这是值得庆祝的，也是需要爸爸妈妈倾注最大热情与关怀的。作为父母，别光忙着欣喜和感动，要满怀赞叹地冲着那个勇敢的小家伙喊——

"宝宝太棒了！"

"我的宝贝加油！"

"朝妈妈这儿走！"

"爸爸在这里等着你！"

"我就知道我家宝贝可以！"

"勇敢点儿！"

或者拍拍手表扬孩子，亲亲孩子。爸爸妈妈的鼓励的话语，一系列的肢体语言，灿烂的笑容，都会加强孩子的信心，更能激励孩子迈出脚步。

不要吝惜你的表达，别以为小孩子不懂这些，要知道1岁的孩子正处于各种敏感期的萌芽阶段，他会从你的赞美中感受到爱，感受到你的关注，从而给自己增加信心和勇气。对孩子来说，摇摇晃晃地开始独立行走，很好玩，却也很需要安全感。只要恐惧感减少了，孩子就会相当乐意尝试新的事物，你的鼓励和热情会给他更大的安全感，让他爱上走路。

如何训练孩子走路

一般情况下，孩子在能站稳时，就有走路的倾向。如果1岁的孩子想借助周围的家具或大人的手迈步，就预示着孩子的肢体运动能力日益增强，他想要走路了。这时，爸爸妈妈就要积极地辅助孩子，那么，如何训练自己的孩子走路呢？

训练孩子走路要经历下面几个阶段。

学步前的准备

孩子刚能站立时，父母最好不要急着让孩子走，这时应当做一些必要的练习，让孩子的肌肉得到适当的锻炼，增强腿部的力量。最佳的锻炼方法就是下蹲运动和起立运动。蹲下再站起，站起再蹲下，如此反复，直到孩子离开支撑物，能够独立完成这些动作，并且保持身体的平衡。为了引导孩子做这个动作，父母可以将玩具丢在地上，让孩子自己捡起来。除此之外，这个阶段的孩子的主要活动就是站立，我们要选择一些可以扶握的地方供孩子练习，如家里比较低的沙发、床，户外光滑低矮的栏杆等。

扶物行走训练

让孩子扶着你选择的地方，辅助他来回挪动身体，也可以用一些小手段吸引他向左右走动，比如，大人用孩子喜欢的玩具熊在孩子的右边逗引，等他向右动的时候，再在孩子的左边做相同的动作，使孩子向左侧动，反复几次后就把玩具给孩子。注意不能反复太多次，以防孩子失去兴趣。这种调动身体的挪动和配合运动，能充分地锻炼孩子的身体协调能力和平衡感。

拉手行走训练

经过两个阶段的过渡，孩子基本可以站稳了，也有了一定的平衡力。这时我们可以辅助孩子迈步。拉着孩子的手，顺着孩子的意愿慢慢向前牵引，拉双手走过一段时间后，再变为拉单手，可以牵孩子的一只手，也可以让孩子牵你一个手指头。做这些训练要注意以孩子的力量为主导，随着他的身体前后、左右地顺势移动，不要以自己的力量为主导，那样容易使孩子摔倒或受伤。经过这个训练，孩子基本上可以借助外力自己走路了。

独立行走训练

选择一个安全的地方让孩子站稳，这时，你可以在离孩子一米左右的地方面对着孩子蹲下，对他拍手，面带微笑，鼓励孩子朝自己的方向迈步。也可以手里拿一个可爱的玩具吸引孩子，这样有利于孩子放松心情，忘记恐惧。当孩子的脸上露出喜悦，摇摇晃晃、步履蹒跚地扑进你的怀里时，孩子基本上就学会走路了，家长朋友们，为你的孩子感到自豪吧。接下来，为了巩固成绩，父母可以分别站在两头，用热切的话语，充满爱的目光，吸引孩子慢慢从爸爸的这一边走到妈妈的那一边。

让孩子愉快地走路

学步期的孩子还处在建立安全感的时期，有时候他忽然不愿意走路了，也许是因为累了，或许他还记得上一次的摔跤，所以会对走路产生暂时的恐惧。家长朋友们不能心急，孩子不想走，就不能强求，想要重新燃起他对走路的热情，你就要给他一个轻松的情境。怎么做呢？你可以让他在短距离内帮你拿东西，这段距离内他可以随意穿行，或扶物，或爬行，让孩子不知不觉地完成任务。

2. 1岁半左右是语言萌发期，是培养孩子学习语言的最佳时期

科学地教孩子说话

1岁半左右是培养孩子学习语言的最佳时期。所谓最佳时期，指的是孩子发展较快速的时期。这个时期的孩子对外界的刺激十分敏感，容易接受外界的信息，如果父母能适时地给孩子提供丰富的语言环境和科学的培养，加上孩子自身的潜能，孩子的语言能力将会得到快速的发展。许多家长反映自己的孩子说话晚，语言能力发展缓慢，除了特殊的生理缺陷或者性格原因外，大多数情况是和家长的教育方法有关的。只有科学地教育、培养自己的孩子，孩子的语言能力才会得到好的发展。

良好的语言榜样和语言示范

（1）使用清晰而标准的中文发音教孩子说话。标准的中文便于孩子将来的阅读和语言衔接，有利于孩子从一开始就能使用规范标准的中文。

（2）使用表情、语气夸张的"妈妈语"。对于正牙牙学语的宝贝，用缓慢的语速、夸张的语气、高扬的声调，重复说一些简单的词语和句子，也就是所谓的"妈妈语"，是非常有利于孩子理解和接受的，很容易引起孩子

的注意。孩子受到吸引就会安静下来注视说话的人，并快乐地做出回应，这种互动让孩子语言能力得到发展的同时，还有利于加强母子感情。

（3）语调要亲切，富于变化，用词造句丰富而准确。父母是孩子的第一任老师，孩子学习语言主要是模仿大人，良好的语言示范对孩子来说是非常重要的。

（4）多使用一些拟声词。这个年龄段的孩子对拟声词很敏感，建议家长在教孩子说话时多使用这样的词语吸引孩子的注意力，激发孩子对语言模仿的兴致。

创造丰富的语言环境

结合日常生活，创造与孩子交流互动的机会，这样的交流融语言、动作、情感为一体，自然轻松，在增进父母和孩子之间情感的同时开启孩子认知的大门，促进孩子的语言表达由简单的单词进入单句、短句。这种交流方式让学习语言的过程变得有趣，给孩子的印象非常深刻，除了语言，还能让孩子得到记忆力和注意力的训练。

1岁5个月的萌萌简直太聪明了，别的小孩儿还在单调地重复几个词的时候，她就会说好些句子了。萌萌的父母是怎么做的呢？原来，他们善于和萌萌互动，平时和萌萌上街，看到马路上的汽车，爸爸就问萌萌："这是什么呀？汽车开过喽！颜色多好看啊！"看到下雨，妈妈就会把萌萌抱起来看着窗外说："滴滴答，下雨啦！"吃到好吃的东西时，爸爸对着萌萌说："好香啊！"没想到第二天吃饭的时候，萌萌闭起眼睛，学着爸爸说："香啊！"虽然没有说完整，但爸妈都特别开心。

萌萌的爸爸妈妈教孩子说话的方式非常科学，也很有效果，他们很巧妙地给萌萌创造了感受事物的机会，并且有意引导孩子在真实的生活场景中学习。

创造交流机会可以通过让孩子回答问题来实现。平时可以问孩子"这是什么""那是什么""你喜欢妈妈对不对"，带孩子一起去超市购物，让孩子自己选东西，然后告诉他这些物品的名称，回家之后再考考孩子，重新问一次这些物品的名称。除此之外，在带孩子外出散步、逛街时可以结合所见所闻，引导、鼓励孩子主动开口说话。

总之，父母与1岁孩子的交流应该是随时随地的，对于孩子感兴趣的事物，或者孩子感兴趣的新词语、新概念，父母都要通过交流互动让孩子不断经历"听—理解—模仿—表达"的过程。比如你教孩子说"球"，就可以拿着球给他看，配合玩球的动作反复说"球"这个字，反复几次后，孩子再看到球的时候，就能主动地说出"球"这个字了。当然，因为孩子的年龄小，接受能力有限，父母应尽量少说太复杂的词语和句子。

指图片、听儿歌、讲故事、看卡通

父母可以在一天中选一个固定的时间让孩子听一些儿歌、民谣，孩子通常喜欢有节奏的韵律，也可以给他们讲小故事等。

很多优秀的父母在家庭教育实践中证明，坚持给孩子读书、讲故事，孩子的语言发展速度往往会让父母感到惊喜。孩子在1岁半左右时，比较喜欢反复地听同一首儿歌、同一个故事，父母要尽量满足孩子。平时父母还可以根据孩子的喜好选择一些生动、活泼、有正能量的动画片让孩子看，如《小熊维尼与跳跳虎》《巧虎》等。动画片可以从更广阔的角度增加孩子的信息量，也可以促使孩子模仿、学习其中的语言。同时，还能培养孩子的观察力、对故事的理解力，发掘他们的艺术想象力，这些都对孩子未来的语言能力有重要的影响，但要注意每次观看时间不宜过长。

陪孩子说话最考验父母的耐心

1岁半左右的孩子，刚开始学说话，最需要大量的语言输入使他的语言能力快速发展。父母们要想让自己的宝贝成为一个善于表达的人，就要多陪孩子说话。而这个阶段的孩子，口齿不清，语意表达不明，喜欢反复学习的方式，这些无不考验着父母的耐心。

生活中常会遇到这样的情景，听到孩子说"我……我……今天……去……"，有的爸爸会着急，想让孩子尽快表达清楚，于是就催促孩子："说清楚，快点，重说一次！"爸爸的催促可能会让孩子说话更加结巴。调查研究表明，如果在孩子学说话的过程中经常碰到挫折和打击，就会导致他缺乏自信，出现畏惧感和挫败感，接着变得紧张，逃避说话，甚至变成口吃，所以，父母在孩子学习说话的时候，务必保持足够的耐心，不可大声训斥或者笑话孩子，不能让孩子感觉出不耐烦。

有的家长在孩子很小的时候就开始陪孩子说话，一遍又一遍地反复教孩子，经过这种耐心引导的孩子，会对说话产生浓厚的兴趣，也易于获得良好的语言能力。

> 丁丁的妈妈在丁丁1岁3个月的时候，每天早上一起床，就和丁丁进行温馨对话："丁丁乖，时间不早了，睡好了吗？该起床了"，"起床了，丁丁是喝奶还是喝水呢？"当丁丁对语言有进一步感知的时候，妈妈把丁丁抱在怀中，摸着丁丁的手说"这是宝宝的手"，摸着丁丁的脚说"这是宝宝的脚"，不断反复地说给丁丁听。吃香蕉的时候告诉丁丁香蕉是黄色的，穿衣服的时候告诉丁丁衣服是红色的，丁丁很早就会说这些词语。每晚睡觉前，丁丁的妈妈都要念书给他听，还会播放轻柔的音乐。

陪孩子说话，很多爸爸妈妈都习惯用"地毯式轰炸"的办法，想毕其功于一役，这也是缺乏耐心的表现。其实，孩子学习语言是需要慢慢积累的，只有积累到一定的程度，脱口而出才会成为一件容易的事。

除此之外，1岁半左右的孩子的脑部还没有发育成熟，他们在学习语言的过程中容易遗忘是正常的，这也决定了父母教孩子说话必须要不断反复，这些都需要耐心。

孩子学习语言的同时伴随着各方面心智的发展，因此，父母可能会发现好奇的孩子会问很多很多问题，这些问题在成人眼中有可能是非常无聊的，反复地给孩子解答也考验着父母的耐心。

父母不耐烦的态度会给孩子带来无形的压力，使孩子不敢开口，这就会使学习说话变成一门艰难的功课。

宝宝比同龄的孩子说话晚，不用担心

有些孩子1岁时便进入了单词句阶段，会说一些简单的词；1岁半就能说一些简单的句子，不到2岁就能说复杂的句子了。相对这些说话比较早的孩子，另一些孩子的情况则让他们的父母很担忧：

我的孩子1岁6个月了，还是只会叫爸爸妈妈，怎么办啊？

同事的孩子才1岁半多一点，已经会说很多话了，我家的孩子只会用手指指点点，就是不说，怎么办？

我家孩子什么都听得懂，就是不开口说，真是让人担心啊！

孩子的奶奶说山东话，爷爷说河北话，我们说普通话，家里的语言环境是不是需要统一一下啊？

上面是一些孩子家长提出的几个有代表性的问题。

有些孩子的语言表达能力发展得比较缓慢，2岁了还很少开口说话，即使说，也只讲几个单字，但什么都能听懂，大人讲什么他都明白。像这样的孩子，不能认为就是语言能力存在什么缺陷，因为孩子的语言发展有个体差异。

一般而言，女孩说话比男孩早，表达能力也较强一些。除此之外，语言发展的个体差异主要受孩子的个性、教育环境、身体状况等影响。比如，孩子的父母有一方性格内向，沉默寡言，孩子有可能遗传了这样的性格，先天害羞腼腆，不善于表达；有的孩子体质羸弱，和他人互动的机会和学习语言的经验少等。

有人认为说话的早晚和孩子的智力有关，说话早的孩子，智力水平也比较高，说话晚的孩子则智力水平较低，其实这种看法有失偏颇，实际上一些说话晚的孩子智商并不低。著名科学家爱因斯坦4岁的时候还不会说话，9岁时表达都不流利，父母都一度认为他是哑巴。

如果想有一个伶牙俐齿的宝贝，那就考虑一下给孩子创造良好的语言环境，再思考一下我们对孩子语言方面的教育和引导是不是需要注意和改进。

我们是否经常和孩子讲话，不管他能不能听懂？

我们有没有对孩子进行语言训练，特别是在口语学习关键期？

孩子的生活是不是有点单调，语言的刺激少？

我们平时会耐心地教孩子说话吗？

我们的方法是不是不适合孩子？

我们是不是没有抓住训练孩子说话的良机？

如果孩子到了2岁还不能听懂父母说什么，那就需要去儿童医院做一下语言发育评估检测。如果不是听力障碍，也排除了其他生理方面的缺陷，那可能只是说话晚一点，家长们大可不必太过担心，只要多找机会和孩子说话即可。

3. 1岁8个月的孩子对细节敏感，莫失培养孩子观察力和注意力的好时机

"妈妈，小虫虫"：孩子为什么对小东西感兴趣

妈妈原本想带1岁8个月的峰峰到楼下玩一会儿，谁知峰峰好像发现了地上有什么东西，指了指说"妈妈，虫虫"，然后蹲在那儿一动不动地看着。妈妈叫了他半天，峰峰都不理。

某一天，峰峰在抽屉里发现了一根小吸管，好几天都拿着不放。他一会儿把吸管放进嘴里咬，吹一吹，一会儿又把管口轻轻地戳在胳膊上，一会儿又拿着管子戳门上的洞，睡觉的时候还舍不得放下。妈妈把吸管放到他的枕头边，知道他半夜醒来还会找的。

峰峰似乎总是喜欢发现小的东西。在自己的裤脚上发现一只特别不显眼的小虫子，他用手捏住好像怕飞了似的，兴奋地告诉妈妈他的新发现。

小瓶子、小扣子、小线头、玩具车里的小司机，这些都是峰峰关注的对象。

为什么这些小东西会让峰峰那么感兴趣？为什么大人常常忽略的小东西，孩子却发现了？峰峰的种种表现充分说明他的细节敏感期出现了。

大部分1岁半到2岁的孩子，会出现关注细小事物的倾向。这是幼儿的敏

感期萌芽阶段，他们常常会对很小的东西产生兴趣，越是微小的东西在孩子眼中越神奇有趣，每个孩子都要经历这样的一个时期，这一敏感期会持续到4岁。

父母们不要以成人的眼光看待孩子的行为，不要认为孩子投入的观察没有意义或浪费时间，因为孩子的这些举动对他的心理发展和观察力的提升有很大的帮助。不仅不能干扰孩子，父母们还要适当地引导和保护他的观察兴趣。有的父母在孩子进行观察活动的时候，直接干扰甚至阻止，怕孩子裤子脏了，手弄脏了，阻止过程中的一些训斥都会对孩子产生消极的影响。与此形成鲜明对比的是聪明的父母们，他们把这一时期当作培养孩子观察力的好时机。

著名教育家蒙台梭利说，敏感期的孩子正在学习和掌握事物的细节，需要集中注意力，需要时间，这个过程比观察对象本身更重要。

训练一：培养孩子的观察力

1岁半到2岁的孩子进入了对细微事物的敏感期，这是培养孩子观察力的好时机，爸爸妈妈们千万不要错过。看微小的东西需要关注，需要耐心，需要聚精会神，需要时间，这些甚至比观察对象更重要。研究表明，孩子记忆自己观察的事物要比记忆直接教给他的知识快速而深刻。观察能力是孩子的想象力和创造力的源泉，对孩子今后的智力发展有重要的影响。如何结合关注细微事物的敏感期来培养孩子的观察力呢？

顺应孩子的关注，和孩子一起观察

孩子如果对一件细微的事物发生了兴趣，父母们不妨顺水推舟，以孩子的观察对象为主，和孩子一起围绕着它展开游戏，提高孩子的观察力。

妈妈正在拆洗旧被褥，每拆下一根线，1岁半的茹茹就会收在自己手里，然后捏起这些长长短短的线头，用手摆弄它们，用嘴吹，最后还抛到空中，看线头慢慢落地，很开心地笑着。妈妈看茹茹高兴的样子，自己也不由得笑了起来。把被面、褥面放进洗衣机后，妈妈索性取了很多彩线过来，然后剪成长长短短的线头，和茹茹一起玩了起来。

小线头、小花纸、小布块、小吸管、小杯子，这一类对孩子来说不具有什么危险性的东西，孩子又恰好对它们感兴趣，那父母不如顺势和孩子一起玩，如果时间允许，父母还可以用这些东西再创造、开发出一些小玩意儿，让孩子细细观察，慢慢把玩。

引导孩子发现可观察的细微事物

既然孩子对小的事物感兴趣，我们不妨"投其所好"，多指引给他们一些可供"观察"的地方，满足他们的观察需要，丰富他们的观察对象，扩展他们的观察范围。

室外：对儿童来说，探索和观察自然是他生命中的一种特殊现象，也是他生命自我创造的过程。天气好的时候，带孩子去户外，感受大自然。让孩子看看小花小草、春天的小嫩树芽、秋天的果实，摸摸石凳的纹理，瞧瞧地上的蚂蚁。

父母要给孩子充足的时间，要有耐心地陪伴引导孩子，但不要强制性地提前给他设定什么目标，也不必刻意让他认识什么，因为孩子是先对事物产生了兴趣才去观察。你领他进入一个开阔的世界，剩下的就看他自己了，要始终以孩子的兴趣为导向。

孩子观察事物时，父母要为孩子排除"危险"，比如药物、温度计、衣服里的干燥剂、小的玻璃球等都要放到孩子够不到的地方，以免引起意外伤害。

训练二：培养孩子的注意力

注意力就是指孩子在一件事物上集中关注而不受干扰的能力。它贯穿于孩子整个心理发展过程。孩子只有先注意到某个事物，才能进一步去观察、记忆和思考。注意力会随着年龄的增长而变化，1岁到2岁孩子的注意力一般每次只会集中五六分钟，随着年龄的增长，孩子注意力集中的时间会逐渐增长。

1岁孩子的注意力有它自身的特点，由于运动技能多方面的发展，比如可以坐立、站立甚至行走，所以不像新生儿那样只表现在视觉方面，也就是只用眼睛注视一个事物，它更多地表现出一种选择性，孩子抓握、吸吮、操作一个事物都是在"注意"。我们有必要了解这一时期孩子注意力的特点，以便有针对性地培养孩子的注意力。

培养孩子的注意力，建议围绕以下几个方面展开。

兴趣

只有孩子感兴趣的事物，他们才能关注。想培养孩子的注意力，不妨先培养孩子广泛的兴趣，以孩子感兴趣的事物为主导。

> 1岁半的牛牛喜欢玩小塑料瓶子，一玩起来就十分专注。妈妈的同事马阿姨来看他时，小家伙刚刚往瓶子里放进一些碎纸片，非常认真地观察着。马阿姨进来后，跟他打招呼，他抬了一下头马上又继续"工作"了。

牛牛的兴趣在瓶子上，所以才会如此专注。很多家长都苦于自己的孩子注意力不集中，不知家长们观察过没有，孩子是在所有的活动中都不集中，还是只在某种活动中不集中？如果是后者，那么，不妨多注意一下孩子的兴趣所在，投其所好。比如，孩子像牛牛一样对小瓶子感兴趣，你就可以多给他收集同类的东西，引导孩子继续玩下去。这里要提醒家长们注意的是，如果孩子对某个玩具感兴趣，我们千万不要为了让孩子玩更多的东西而让孩子去玩其他玩具，别让你的"贪心"破坏了孩子的"专心"。

环境

为孩子提供一个属于自己的天地，把他感兴趣的东西集中起来，将环境收拾得井井有条，让孩子方便地选择自己要玩的东西，方便孩子的个人活动，以减少干扰孩子的外界事物。对秩序的敏感会让孩子习惯整理，此外，有规律的生活，如饭前把玩具收好、把电视关掉等，这些对注意力的培养是很有好处的。

互动

自创一些互动游戏，和孩子一起练习，也是培养注意力的好办法。

互动一：让孩子看你手里的东西，然后拿走其中的一个，问孩子什么东西不在了。

互动启示：在给孩子看你手里东西的时候，就是他持续关注的时候。

互动二：可以交给他一些小任务，让他帮你拿东西，为了让这个过程持续的时间长一些，可以多加几样，一次性完成。

互动启示：孩子在帮你取东西的过程中，会专注于记忆你要他取的物品名字，且执行任务用时较长，这有利于注意力的培养。

按照以上游戏的思路，根据自己孩子的特性，多开发一些好游戏，相信会有十分神奇的作用。

4. 1岁半以后是秩序形成关键期，帮孩子建立内心的安全和秩序

孩子开始关注秩序了

孩子出生后的头两年，是一个对秩序极为敏感的重要时期。在这个时期，孩子的很多表现会让爸爸妈妈们一头雾水，难以捉摸。

　　妈妈把晾在衣架上的衣服收起来，堆放在了床上，又叠起来放入柜中。1岁8个月的琼琼拉着柜门就是不让妈妈关，妈妈还有其他事要做，又气又急，又不能发脾气，只好蹲下来柔声柔气地哄琼琼："宝贝，妈妈很忙，很多事等着妈妈做，宝贝听话好不好？"谁知，琼琼丝毫没有打算走开的意思，反而哭了起来。妈妈生气了："这孩子，你怎么了，是不是要吃东西，怎么动不动就哭呢！"琼琼看看柜子，又哭了起来。妈妈探头朝里看有什么不对劲，原来，刚才那堆叠起的衣服里有琼琼的花裤子，妈妈试探性地拿出来，把它放到了琼琼的小衣橱里，琼琼果然不哭了。妈妈这才松了一口气。

　　孩子1岁半以后，很多父母都会遇到琼琼妈妈这样的困惑。不知道从什么时候开始，孩子除了对细小的东西如纽扣、豆子、头发之类的东西感兴趣，还会对一些生活中的秩序产生初步的关注，大人们一般不会注意到的事物，却会引起孩子的注意。比如一家人吃饭时就座的位置，孩子每天洗澡时的顺序，甚至小水杯所放的位置，都是孩子关注的焦点。

　　1岁8个月的鹏鹏每个星期和爷爷奶奶待两天，爸爸妈妈每个星期四都要开车从爷爷家接鹏鹏回来，妈妈抱着鹏鹏，爸爸喊一声"出发喽"，就发动了车。走了没多长时间，鹏鹏就叫起来，身体拧得像麻花似的，闹腾着要挣脱妈妈，嘴里叫着："不行，不行！"爸爸妈妈对视了一眼，一齐问："鹏鹏，什么不行，是肚子疼吗？"鹏鹏只是叫着"不行，不行"，看看外面，又摇头又摆手，爸爸好像明白了，"他是要走以前的那条路吧？"然后他找地方掉了个头按以前的路线走，鹏鹏果然真的不闹了，高兴地吃起了妈妈递过来的饼干。

鹏鹏开始时发脾气，显然是注意到了行车路线和以往不一样，经过爸爸的调整，鹏鹏的情绪才恢复了平静。孩子这种对细节的关注让大人惊讶，然而这些现象都表明孩子内心对秩序感的需求。

妈妈，这个应该放在那里

孩子的内心是丰富多彩的，我们有时很难理解他们的内心世界。在很多情况下，1岁半左右的孩子会突然哭泣，大人安抚也没用。这究竟是什么原因呢？其实很多情况是因为，孩子发现原来的秩序感遭到破坏，于是觉得身心不舒服，从而哭闹起来。

一位妈妈曾经讲过关于她女儿的一件事情。

有一天，小女孩的妈妈走进孩子的房间，把伞放在了桌子上。奇怪的是，就在这个时候，小女孩对着那把伞看了好一会儿，然后开始哭闹起来。妈妈以为孩子想要玩伞，就微笑着把伞送到她面前。让妈妈奇怪的是，小女孩把伞推到了一边并继续哭喊。妈妈哄她，但是毫无用处，她变得越发吵闹起来。

该怎么办呢？这时候妈妈想了想，就把伞拿到了另一个房间，谁料小孩子竟然立刻安静了下来。其实孩子的妈妈不知道，她在无意间破坏了孩子对房间的秩序感。大人无意间放了一把伞，结果没想到这种行为却严重扰乱了孩子对熟悉事物的有序的记忆方式。

当一件物品放错位置时，孩子会最先发现，并把它放回原处，而成人往往注意不到这些细节。例如，当一只鞋子放在不恰当的地方或者毛巾没有放回卫生间，一个1岁半的孩子会突然注意到它，并把它放回原处。

孩子对秩序的敏感是如此强烈，让大人不得不为之叹服！而且这种对秩序的敏感性在他们很小的时候就表现出来了，一个不到2岁的孩子在表现对秩序的敏感时，用的不是语言，而是他们唯一用来表达不满情绪的方式——哭闹。父母如果意识不到这一点，就很难理解孩子看似莫名其妙的行为。

当孩子看到有些东西不在原来的位置上时，他就仿佛受到了强烈刺激，非常希望那个东西回到原来的地方。对于孩子来说，当这种秩序感的需求得到满足时，他就会十分快乐和满足。

仔细想想，大人总是喜欢把一些东西搬来搬去，孩子们无法理解和判断这些举动，为什么眼前的东西总是这么混乱呢？在孩子的这段秩序敏感期内，他所感知到的混乱很可能会成为他们成长的障碍和产生心理疾病的原因。

秩序感对孩子来说是必不可少的。秩序感使他们意识到每样物品都应该有自己合适的位置，而且他们也能记住每件东西原来的位置，这能让他们感觉到这个世界所带给他们的稳定和安全。

秩序使孩子产生快乐感，不要去打扰他

孩子从出生到6岁，一直处于秩序的敏感期，而且是呈螺旋状上升的。1岁以后，孩子对秩序的要求达到了近乎刻板和执拗的程度。他们喜欢环境保持秩序，他们喜欢自己的玩具、图书在一个固定的地方摆放，他们喜欢把积木摆放得整整齐齐，也喜欢有规律的生活。这些会使孩子产生快乐的感觉。

1岁10个月的叮当最喜欢把大大小小、形态各异的小汽车摆成两条长龙，一辆挨着一辆，首尾相接，就像下班高峰期堵车的场景。这个游戏叮当能独自玩很长时间，特别投入。当两条长龙摆好以后，叮当还不许家里人随意触碰，如果他发现哪辆车动了，就一

定要摆回原来的样子，那种"倔"劲儿难以形容。

秩序是自律感和规则意识的萌芽，秩序感进入孩子的内心，成为他们特有的思维，也就是"直线式思维"。对秩序感的需求得到满足时，孩子就能产生愉快、舒服的感觉。孩子对秩序的要求会让成人觉得惊讶，对孩子来说，世界是有序的，是不容改变的，一旦变得杂乱无章，或固有的秩序受到破坏，孩子就会感到极大的不适。

所以，当孩子执拗于"秩序"时，我们不要试图改变他，千万不能干扰他们恢复秩序的举动，阻挠他们对完美和标准的追求，就让他们沉浸在其中，享受其带给他们的快乐吧！

5. 乐此不疲地模仿：大人说什么，孩子也跟着说什么

孩子开始向大人学习骂人、说脏话

1周岁的孩子对周围发生的事情十分敏感，辨音的能力也加强了，对音乐会有很灵敏的反应，乐感好的孩子1岁半时都可以跟着音乐哼出类似的音调。听力进步的同时，孩子的语言也正处于发展的敏感期，这个时候的宝宝具有吸引性心智，很容易受到外界的刺激，无论大人说什么，他都会无意识地吸收，并且模仿着说出来。由于大多数孩子仍处于单词句的表达阶段，会讲一点日常的生活用词，看上去会说的并不多，其实能理解的语言可真不少。

正当爸爸妈妈为孩子学习语言有积极性感到高兴时，一件让人哭笑不得的事发生了。孩子竟然不知从哪儿学会了说脏话。

刚1岁多的小雨让爸爸非常苦恼。最近亲戚朋友来家里做客，看着可爱的小雨想逗一逗，谁知，小雨一开口竟是一句骂人的话，亲戚朋友们一时傻了眼，爸爸非常尴尬。后来小雨爸爸发现女儿的脏话不断增加，有一天，竟然说了一句"你妈的"，爸爸一听愣住了，姥姥一下笑出了声，爸爸惊讶得下巴都要掉下来了，问是谁教她的。小雨似乎看见爸爸表情不对，受到惊吓，立刻委屈起来，眼泪在眼眶里打转，妈妈在旁边拉住了爸爸。两口子互相埋怨，吵了起来，都纳闷这么小的孩子怎么会骂人。后来爸爸下班回家，看见姥姥正抱着小雨在楼下看人打麻将，有几个人边出牌边说些不文明的话，小雨爸爸这才明白是怎么回事，原来小雨是跟这些人学的。

很明显，小雨正处在语言敏感期，这个阶段的孩子最喜欢模仿大人说话。为什么孩子对脏话感兴趣呢？除了孩子对语言没有概念、区分外，与脏话的"力量"也是分不开的。孩子并不知道脏话的含义，她只是发现说这些话竟然可以让人生气和发笑。如例子中的姥姥那样，这样的反应自然会让孩子感到惊奇，于是她无形中像受到了鼓舞一样，会继续快乐地使用这些语言。

那么，对于孩子骂人、说脏话的行为，爸爸妈妈该如何处理呢？

首先，当孩子说出脏话时，爸爸妈妈不要大惊小怪，应尽量表现得镇静，既然孩子处在模仿语言的阶段，且年纪那么小，又没有分辨能力，对周围的语言信息自然是照单全收了。你的强烈反应只会让他们说脏话更来劲；相反，如果你反应平平，孩子就会觉得自己没有受到什么关注，自然会减少说脏话的兴趣。

其次，父母要简单直接且语气温和地告诉孩子他的行为是错误的，爸爸妈妈不喜欢。不要低估孩子，这个阶段的孩子虽然说得不多，但很多话都可以听得懂。

最后，检查孩子的语言环境，看看不文明的语言源头是哪里。如果父母本身就有说脏话的习惯，就要坚决改掉；如果是孩子接触了不文明的环境，那就要让孩子远离这样的环境和说脏话的人群。

第四章

1岁孩子的性格、气质萌芽期——
帮助孩子养成良好的个性

　　每个孩子都有自己的性格特点：有的孩子从小开朗，有的孩子则喜怒无常；有的孩子乖巧懂事，有的则任性乖戾。性格有一半是天生，一半是后天形成。孩子的优良性格是从小在生活环境中耳濡目染养成的，需要长期的积极影响和耐心引导，既不全靠说教，也不能指望一蹴而就。

1. 自我控制

生气的时候会大哭大闹，乱发脾气

孩子在玩球，家里的东西眼看就被砸坏了，你只是朝着孩子喊了一声"不许扔"，孩子便发作起来，又踢又跺脚，大哭大闹，无论你怎么劝都不行。每当这时候，你是不是都会焦头烂额？为什么孩子一生气就这样？一点点小事就搞得鸡犬不宁？其实，1岁孩子发脾气的原因主要有以下几点。

无法表达

随着孩子一天天长大，他的精神世界越来越丰富，需求越来越多，而他的语言表达能力却有些跟不上。"我还不想睡觉""我要那个大的飞机""我要到外面去"，类似的要求和想法都无法用准确的语言表达，粗心的爸爸妈妈无法"破译"孩子的不同需求，就无法及时给孩子回应和满足，孩子自然会发脾气，用哭闹表示自己的愤怒和抗议。

对失败的承受力差

1岁的孩子对失败的承受能力非常差，有时候他行为过激或突然发脾气，其实是想让你知道，他碰到了麻烦，遇到了阻碍。

孩子累了

父母不难发现，每当孩子想睡觉时就会哭闹，或者当他们没睡够就被吵醒时也会哭闹。这是他们从婴儿时期就有的表现，孩子没有得到足够的休息，就会产生烦躁心理，疲惫也是发脾气的一个常见原因。

逆反心理

从1岁3个月到1岁9个月的这段时间，孩子正在度过一段情感表现的不稳定时期。他们开始萌生自我意识，嘴里的"不愿意"也越来越多，此时的孩子正处于性格、气质的萌芽期，如果对孩子的哭闹和发脾气进行冷处理，就不利于孩子良好个性的形成。

那么，怎样解决这个问题呢？不妨从下面几点着手。

了解孩子的需求

尽量了解孩子的各种生理和心理需求。如果我们能对孩子的承受力有个估量，对孩子的需求洞察入微，就不会对孩子发脾气感到手足无措，当孩子有需求时，我们能及时给予满足，也可以帮他说出他想表达的意思，这样孩子发脾气的现象就会减少。发脾气是因为自我限制，表达不出自己的想法和要求，等到孩子能用语言表达的时候，这些行为就会少了。

宽容并允许孩子的情绪发泄

正在迅速成长的孩子发泄各种情绪是正常的，作为孩子的家长，我们应该宽容，允许他把情绪发泄出来。还记得你最近一次发脾气吗？你为什么发脾气？你发脾气会怎样呢？其实，成年人发脾气也沿袭了孩童时期的行为习惯——跺脚、摔门、砸东西、大声喊叫，这样做过之后是不是会舒服一些？成年人都如此，何况孩子呢？

转移并吸引孩子的注意力

对于让你摸不着头脑的突发状况，若你一时还搞不清楚孩子究竟遇到了什么麻烦，最好的办法莫过于转移他的注意力，或者吸引他的注意力。对于这个阶段的孩子，注意力持续的时间还很短，我们可以利用这一点，找一些事物分散他的注意力，就会让他破涕为笑。

比如，你把一个球从他手里拿开，他就不干了，闹起来，你马上给他手里放一个其他玩具，或者把他带到另一个地方，对他说"我陪宝贝一起玩吧"，孩子的情绪可能就会缓和下来。

抚慰缓和孩子的情绪

这里说的抚慰包括语言和动作两方面，后者尤其有效。大部分的孩子在发脾气时，只要你紧紧拥抱着他，或者抱着让他坐在你的大腿上，再适当抚慰，这时，再固执的孩子挣扎几分钟后也会安静下来，乖乖依偎在你的怀里。记住，拥抱在任何时候都是个神奇的良方。

永远抱着他的娃娃：对某件物品异常依恋

1岁10个月的佳佳走到哪儿都要抱着她最喜欢的泰迪熊玩偶，吃饭的时候会把它放在自己的餐椅上，玩的时候把它放在自己的电动小车上，睡觉时还要把它放在枕头上。更好笑的是，她还要给泰迪熊盖好被子，就像妈妈给自己盖被子那样，一副煞有介事的认真表情。

有佳佳这种"爱好"的孩子其实很多，他们会在某段时间对某个物体产生强烈的依恋，对象除了布娃娃之外还有别的小东西，比如奶嘴、奶瓶、小布块、小毛巾、被子、毛毯、枕头等。这些物品有一个共同特点，那就是有孩子熟悉的味道，并且触感柔软。

恋物的情形和程度是因人而异的。有些孩子恋物的时间较长，甚至持续到上小学。恋物现象的产生和孩子的安全感有关。有着熟悉味道的柔软物品能给孩子舒适感和温暖感，能传达出令人心安的信息，就像妈妈在身边一样，可以减少孩子在陌生环境中产生的焦虑和恐惧。

孩子的"恋物"在心理学上可以称之为"过渡性客体"，孩子从对母亲的"完全依恋"转为"完全独立"有一个过渡期，在孩子走向完全独立的过程中，这些物体可以帮助他们顺利过渡。

一般情况下，只要孩子的情绪和行为正常，不影响生活作息，妈妈们就不要担心，只要保证孩子的心爱之物的清洁卫生即可。

如果孩子对物体的依恋到了严重的程度，影响了身心的健康发展，那就需要帮助孩子戒除。戒除要采用渐进的方式，比如可以让孩子和依恋物相处的时间从24小时减少到12个小时，用其他的方式代替物品给孩子的安全感，如陪伴孩子，给孩子足够的情感支持，多与孩子的身体亲密接触，带孩子接触外面的世界，鼓励他积极探索，寻找发现更美好、更有趣的事物等。千万不要强制性地使孩子和依恋物分离，这会伤害孩子的情感，给孩子的心里留下阴影，加剧孩子的不安全感和焦虑感。

2. 孩子的性格养成

玩具暗示孩子的性格

一般来说，男孩子小时候比较喜欢玩车、枪、皮球之类的玩具，女孩子就喜欢玩洋娃娃，单从玩具上就能体现出性别特征，男孩子的玩具一般是具有攻击性的，而女孩的玩具一般都比较文静。其实，玩具不仅能体现出孩子的性别特征，还能体现出其性格特点。

有些孩子一出生就很乖巧，不哭不闹，特别安静，妈妈带起来特别轻松；有的孩子生下来就烦躁不安，啼哭不断，让妈妈疲惫不堪。孩子自出生起就表现出不同的特点，随着孩子的成长发育，慢慢养成特定的性格，性格又有稳定性和可变性，也就是说性格有一半是遗传的，有一半靠后天养成习得，也可以重塑。

了解和判断孩子的性格可以帮助我们更好地培养和教育孩子，使孩子变得更加优秀。然而，即使和自己的孩子朝夕相处，了解孩子的性格也非人们想象的那么容易。

喜欢玩是孩子的天性，玩具是孩子的"伴侣"，在孩子还没有完全掌握语言、不能和我们交流的时候，玩具不失为我们了解孩子性格的一个好渠道。孩子偏好哪类玩具可以暗示出孩子的性格信息。虽然玩具的种类很多，但大体可以概括为绒毛、拼装、运动、电动这几大类。

如果孩子喜欢玩绒毛类玩具

绒毛玩具触感柔软，造型可爱，抱着它们会感觉到温暖、安全，对人的情绪有一种抚慰和镇定的作用，说明孩子感情丰富细腻。

如果孩子喜欢拼装玩具

拼装玩具色彩鲜艳，搭配灵活多变，需要脑、手、眼的全面配合，需要自己的创造。喜欢这类玩具的孩子，好奇心比较强，容易被吸引，喜欢挑战，注意力和耐性都比较强。

如果孩子喜欢运动类玩具

运动类玩具像球、车、枪、剑、棍、棒等，造型简洁，活泼生动。喜欢这类玩具的孩子活泼好动，精力充沛，性格直爽，情绪不加掩饰，喜欢用行动而不是语言去表达。

如果孩子喜欢电动玩具

电动玩具操作简单，功能丰富，科技含量高，吸引力强。喜欢这类玩具的孩子性格趋向于理性，接受新事物的能力比较强，爱好研究。

家长朋友们，如果你觉得自己还没有足够了解孩子，那就看看他们的玩具吧，相信你一定会有所发现，找到破译孩子性格密码的钥匙。此外，你也可以从他们玩玩具的方式着手，寻找暗示孩子性格的丰富信息。

家长的行为影响孩子的性格

每个孩子都有自己的性格特点，有的孩子快乐开朗，有的孩子则喜怒无常，有的孩子乖巧懂事，有的则任性倔强。孩子的性格有一半是天生，一半是后天形成。1岁孩子对父母的行为非常敏感，父母是孩子的第一模仿对象，通过模仿父母的行为，孩子的心理定式、情绪意志得以形成。幼年是形成性格的重要时期，父母的言行举止对孩子的性格有重大影响。

幼儿是天生敏感的，因此他不时做出令大人无法理解的举动。如果孩子失去了这种敏感性，将变得柔弱胆小，并对周围事物丧失热情。

大量研究表明，待人接物谦和有礼的父母，孩子也会性格温和，礼貌懂事。父母相亲相爱的和睦家庭会使孩子情绪稳定，有利于孩子身心的成长。在这种家庭氛围中长大的孩子性格开朗，感情丰富，自信心强。

要想给孩子塑造一个好榜样，父母就要避免出现下面的行为。

在孩子面前吵架动粗

有的父母一遇到问题就唇枪舌剑，你来我往地吵起来，不能克制自己的情绪，家庭之间的矛盾不能心平气和地解决。这样的行为会使正处于敏感期的孩子精神高度紧张，产生恐惧感。长期处于这种情绪中的孩子，要么任性孤僻，要么胆小怯懦。

在孩子面前消极颓废

父母每天精力充沛，带着孩子去探索，满足1岁孩子强烈的好奇心，和他一起玩，这些满含着积极情绪的行为会感染孩子，在这种氛围影响下的孩子会变得热情勇敢，活泼有灵气，做事主动。反之，如果父母终日颓废，无精打采，懒散度日，孩子也会情绪消极，做事被动。

立即满足孩子的愿望

很多父母对孩子的要求总是百依百顺，要什么就给什么，甚至还没等孩子表示出来，就立刻主动地去满足孩子。实际上，这样会使孩子养成任性自私的性格，孩子习惯了还没有提出什么就得到想要的，因而以后就不会懂得珍惜，也习惯了一切以自我为中心，稍有不如意就发脾气。1岁孩子的愿望要尽量满足，但不是马上就满足，可以适当地延长时间，通过这种方式来培养他的耐心。

过分地担心、照顾孩子

家长过分地担心孩子，时时处处紧张万分，生怕孩子受一点委屈，怕孩子饿着了、冷着了、碰着了，这样的行为会使孩子没有自我成长的空间，久而久之，孩子的性格会变得胆小多疑，没有主见，缺乏个性。中国式的家庭教育通常有这个问题，如果孩子连一点小事都没有主动权，那以后他还能自由发展吗？

一切都是家长说了算

如果什么都是家长说了算，从不了解孩子真正的需要，不尊重孩子的愿望，盲目按照自己的意思安排孩子的一切，就会使孩子产生畏缩心理，孩子要么形成懦弱、保守、逆来顺受的性格，要么产生逆反心理，形成简单粗暴的行为习惯和性格特征。

父母是孩子最亲密的成长伙伴、第一任老师，是孩子行为的模仿对象，父母的行为直接影响着孩子的心理成长。所以，父母在日常生活中一定要注意自己的行为，控制自己的情绪，使孩子在性格形成的最初时期受到好的影响，得到好的塑造。

克服胆小怯懦，做个勇敢的孩子

1岁8个月的希希非常胆小，平常家里来了客人，或者和妈妈在大街上碰到了熟人，她都会立刻躲到妈妈身后，或要妈妈抱起来，钻到妈妈的怀里。看到小动物就害怕，打雷下雨就更不用说了，会哭个没完。希希以前特别喜欢洗澡，现在一脱衣服就往后退，妈妈好不容易带她进了卫生间，刚一下水她就哭喊起来，妈妈怎么哄也不行，嘴里叫着"怕怕，怕怕"，表情特别可怜。以前的希希可不这样。

很多爸爸妈妈都发现，1岁以后的孩子会逐渐出现恐惧情绪，无论什么东西都有可能让他感到恐惧，这是怎么回事呢？

研究发现，2岁以下的孩子，90%以上会出现不同程度的恐惧感，这种情绪体验在孩子的成长过程中是很普遍的。不过，如果你的孩子比其他同龄孩子恐惧的程度要大得多，那就要加以重视了。孩子的性格可能存在着怯懦的一面，长期下去，不利于孩子的心理和个性的发展。爸爸妈妈们都希望自己的宝宝聪明勇敢，充满向上的力量，那么如何帮助孩子克服这种情绪呢？

主动出击，多让孩子待人接物

胆小、害羞的孩子，最常见的表现就是怕见生人。父母要多创造一些走亲访友的机会，经常带孩子去公园的人群中看人们进行各种活动，参加聚会，拓展孩子的活动范围，让孩子逐渐适应人多、热闹的场面，慢慢地孩子的胆量就被培养出来了。

看到小动物，家长首先不要显露出厌恶和不悦的情绪，也不要带着孩子迅速回避，这些做法都会加剧孩子的恐惧情绪，不妨大大方方地把它们介绍给孩子："宝宝，你看这是什么？""这是小猫咪，你看它的眼睛，是不是很可爱呀？"

鼓励表扬，减少过度保护

孩子表现出胆小的一面时，爸爸妈妈千万不要指责孩子，也不要和别的孩子对比，更不要经常对别人说"这孩子就是太害羞了"，这种性格标签贴在孩子身上，会有强烈的暗示作用。1岁的孩子还是以表扬鼓励为主，每当孩子有进步时，就要给他加油鼓劲，让他的勇敢行为得到肯定，在任何情况下都要保护孩子的自信心和自尊心。

有时孩子胆小和父母过多的保护有很大关系。父母每天战战兢兢，孩子也必然小心翼翼，父母的过度保护会使孩子过度依赖，独立意识差，独立能力得不到锻炼，自然是一离开大人就害怕。为了使孩子变得勇敢，适当收收你的"小心"，多给孩子些鼓励吧！

3. 帮助1岁孩子建立信任感

坦诚地面对孩子

有些孩子在妈妈离开自己去上班或者出门办事的时候，一点也不慌张，没有什么焦虑的情绪，他们显得非常懂事。有些孩子，妈妈并不打算离开，只是梳洗打扮，他们就开始哭闹，缠着妈妈，视线一刻也不离开妈妈，生怕妈妈丢下自己。为什么会出现两种截然不同的情况呢？根本原因是孩子对父母的信任问题。那些能在妈妈说明原因之后，淡定地和妈妈说再见的小朋友，对妈妈是信任的，他们相信妈妈出去一会儿肯定还会回来，而那些动辄陷入分离焦虑的小朋友，对妈妈是不信任的。

对孩子来说，信任他人也是一种能力，缺乏这种能力的孩子，很难产生自信，以及对世界的信任感，性格会趋向于冷漠、悲观，进而影响他的一生。而拥有这种能力的孩子，对生活会持有一种信任和乐观的态度，长大后便会成为一个乐观、开朗、自信的人。

如何建立信任感

1岁是获取这种能力的关键时期，帮助孩子建立信任感，是爸爸妈妈的主要任务。爸爸妈妈需要从一点一滴的小事做起，首先要满足孩子身体和心理上的需求，多陪伴孩子，让孩子感受到身边总有爸爸妈妈的陪伴，不用担心没人照顾。父母良好的情绪会让孩子感到安全，知道自己是受欢迎的，知道父母是爱他的，会照顾好他。最重要的是，父母要说话算话，1岁3个月以后的孩子可以理解父母的意思，承诺他们的事情一定要兑现，比如你离开家，就一定要按照你所说的时间按时回来，不要让孩子无尽地等待，这种等待只能让他无法对你产生信任，下次他自然不会轻易让你走。时间长了，就会破坏孩子对你的信任感，进而使孩子无法再拥有信任他人的能力。

4. 帮助1岁孩子表达情感

哭泣：让孩子好好释放情感

经常有初为父母的人说起自己爱哭的孩子：

"我的孩子经常哭，动不动就哭，饿了、困了哭是正常的，可是不知为什么，孩子在吃饱喝足的情况下也会哭，这就莫名其妙了。"

"我的孩子最近晚上睡醒了就要哭一阵，哭得特别伤心，怎么劝都不行，问是不是身体不舒服，他摇头，可能是因为做了噩梦吧。才这么点大的孩子会这么感性吗？"

"我的孩子遇到不开心的事就会号啕大哭。上个星期，爷爷趁他玩的时候走了，后来他一发现便哭得撕心裂肺的。"

孩子啼哭一般情况下是试图表达他们的需要，比如，饿了要吃奶，困了要睡觉，尿布湿了要替换。随着年龄的增长，孩子因为生理需要而哭泣的现象会越来越少，哭泣渐渐成为孩子表达、释放情感的一种方式。

成年人感情受了挫折，也会情绪失控，只有好好地哭一场，压抑的情绪才能得到宣泄，如同成年人一样，孩子也需要释放情感。有的家长一看到孩子哭就加以阻止，认为哭泣是懦弱的表现，甚至爸爸还会对男孩子说："嘿，没出息！"

实际上这种想法和做法是不科学的，因为消极情感是具有破坏性的，长期积聚在内心会使孩子的精神紧张，思维能力减弱，影响孩子身心健康发展。

让孩子哭出来吧！哭泣不仅可以让孩子的情感得到释放，而且他经受挫折的能力也会在发泄的过程中得到加强。

无论孩子哭的原因是什么，我们都要让孩子把情感释放出来。也许他把心爱的玩具丢了，也许他做了一个伤感的梦，也许他被大人"欺骗"了，也许他忽然感觉到失落，这些都不重要，重要的是我们要理解他，允许他表达自己的感情。当孩子不能完全用语言表达自己内心世界的时候，不如先做他的倾听者。

当然，允许孩子释放感情并不等于在孩子哭泣的时候袖手旁观，正确的做法是，坐在孩子的身旁，拍拍他的小肩膀，摸摸他的小脑袋，或者温柔地抱抱他。不需要讲什么道理，只要告诉他爸爸妈妈很爱他，感到难过的时候可以在爸爸妈妈的怀里尽情哭出来。无论什么时候，这样表达爱对孩子来说都是极大的安慰，孩子会在这些充满爱意的动作和语言中感受到你的理解和支持，情绪也会很快地平复。

把情感表达出来

表达的必要性

人都有喜怒哀乐，一个孩子如果不能把他的各种情感体验表达出来，在和父母的沟通上就会出现困难，久而久之，孩子积压的情绪无法释放，慢慢就会形成非常内向孤僻的性格，孩子将来的社交能力也会受到影响。

教孩子表达

孩子的感情从表面上看是很简单的，要么哭，要么笑，要么又喊又叫。大人们以为孩子的感情元素就是这些，实际上孩子有着丰富的情感体验，只是他不知道如何表达而已。爸爸妈妈可以在这方面多做示范，比如，爸爸因为涨了工资心情高兴，在孩子面前不妨表达出来，方式可以丰富一些，唱着歌，脸上带着满足的笑容，抱着孩子转圈，亲孩子的小脸。这样，孩子就会对爸爸高兴的整个过程有印象，正在模仿阶段的孩子就会模仿爸爸高兴时的样子。

及时回应孩子的表达

在孩子表达自己的情感时，父母要及时回应，表示接纳，如果你漠不关心，甚至阻止了他，就是在向孩子传达一个信息：他的表达一点也不重要，你根本不想去了解他。如果总是得不到回应，慢慢地，孩子就会习惯把自己的情感隐藏起来。

相反，能经常得到父母回应的孩子，表达的次数会越来越多，表达的方式会越来越丰富。

> "爸爸，坏坏。" 1岁半的露露对爸爸说，她皱着眉头，两手一摊，嘴巴嘟起。爸爸被这个动作逗乐了，看看地上明白了，原来孩子在告诉他蛋糕掉在地上摔坏了。爸爸马上抱起她，注视着她的眼睛，叹了一口气，说："爸爸好难过，那真是一块香喷喷的蛋糕。"

露露爸爸的一系列反应都在向孩子传达这样的信息：露露的感受爸爸知道了，爸爸也很难过。爸爸的反应当然会使露露得到安慰，无形中鼓励她以后更多地向爸爸倾诉情感。

引导孩子说出来

孩子1岁时正是学语言的关键时期，妈妈不妨引导孩子用语言表达感情，让孩子说出来。在孩子生气的时候，不马上安慰他，也不马上满足他的需要，而是故意问孩子："宝贝，你怎么了？告诉妈妈好吗？"虽然孩子所掌握的语言非常有限，你这样问之后也会引发孩子去思考，然后你可以告诉他："宝贝是生气了对吗，生气了！"孩子很有可能会跟着妈妈的发音，说"气，气"，尽管说不完整，但他已经在表达了，这就足够了，不是吗？

让孩子把情感表达出来，并不是让孩子随意地无节制地发作，而是帮助他用语言更好、更准确、更丰富地表达出来。

培养感情丰富的孩子

感情丰富的人充满了人性的魅力，感情丰富的孩子灵秀可爱。1岁的孩子，其自我意识渐渐增强，处在各个敏感期的萌芽阶段，爸爸妈妈不要错过这个丰富宝宝感情的机会。

给孩子一点美妙的声音

1岁的孩子正处于发展听力的关键期，在听力上多给孩子一些刺激，可以开发孩子的情感认知。给孩子创造机会，让孩子听到不同的声音：风声，雨声，流水声，各种动物的叫声，各种乐器的声音。可别认为孩子不懂，不妨仔细观察一下他的反应，相信你定会有惊喜的发现。

在一个小公园里，几位年轻的妈妈带着她们的孩子在玩耍，当一曲美妙的音乐响起时，孩子们有的摇头，有的曲腿，有的孩子一开始没什么反应，等歌曲节奏更加强烈时，也跟着晃起了小胳膊。妈妈们都被宝宝的动作逗乐了。

音乐有一种感染力，旋律的高低、长短，节奏的快慢都会使孩子有所感知。孩子可能并不懂曲子或者歌词的内涵，但长此以往，他们的心智却可以得到丰富的启迪。音乐无国界，能给成人带来美好感受的东西，也一定能到达孩子的心灵。喜欢听音乐的人，能感受音乐的人都是感情丰富的人。用音乐给孩子进行情感启蒙是一个不错的选择。

识别孩子感情的信号

培养感情丰富的孩子，父母首先要使自己对孩子的感情信号敏感。每个孩子其实都拥有丰富的内心世界，只是很多时候，成人并不真正地了解他们。在他们完全能用语言表达之前，你以为哭是他们最常用的表达，其实在哭之前孩子就发出很多微妙的信号，如果你能根据这些信号感知他们的情绪变化，孩子就会用很多方式来表达自己。反之，他的这种自我开发就越来越少，最后只剩下哭了，因为只有哭才能被感应。孩子表达方式的单调会影响情感的发展。

帮助孩子弄清楚自己的情感

很多时候，孩子对情感没有什么具体的概念，你要引导他们了解自己的情感，"宝贝很高兴对吗？妈妈给宝贝买了新玩具，宝贝非常开心"，"一定是伤心了吧，爸爸去上班，没有人陪你玩了"。当你代替孩子说出他的心情的时候，孩子就会对各种情感有进一步的认识，情感也越来越丰富。

5. 尊重天性，孩子才能健康成长

许多人也许仍然记得，在过去的年代里，人们为了防止婴儿的腿变成罗圈腿，就用绷带将他们的腿捆绑起来；为了保证婴儿将来能学会说话，就早早将他舌头下面的韧带割断；为了防止婴儿的耳朵突起得难看，就始终给他们戴着帽子；为了防止婴儿的头长得偏斜，就一丝不苟地调整孩子的睡姿；还有的父母，为了让自己的孩子长出一只挺拔俊俏的鼻子，就不时地捏捏婴儿的鼻尖；更残酷的是，某些母亲不知从哪弄来的秘方——将小金耳环穿过婴儿的耳轮，因为她们听说这样可以增进孩子的视力……

如今，这些做法在大多数地方都不用了，不过在某些地区依然存在这样的习俗。他们虽然从心理上渴望自己的孩子将来成为优秀的人，但这样的做法却不知不觉地损害着孩子的成长——这些都不符合孩子自然成长的法则。

如果留意一下，我们就能发现母亲帮助孩子学走路的场景。这些望子成龙的母亲每天都要花费很长时间教孩子走路。她们拎起孩子，让他们悬空，好奇地观看他们的双腿在地面上柔弱无力地荡来荡去。令人吃惊的是，这些妈妈竟然就此认为她的孩子学会走路了！她们并没有考虑到孩子现在是否具备很好的自我平衡能力。

这一时期的孩子，其神经系统发育得还不健全，他们的动作还不能做到协调自如。尽管如此，由于孩子正处于成长发育的高峰时期，他们的脚骨和肌肉很快就会发育完善，渐渐地他们自然会学会走路。这时，不明原因的母亲开始呼唤了："看，我教会孩子走路了！"事实上，这是孩子自我成长的必然结果，而不是因为妈妈"教子有方"。

如果引入蒙台梭利的教育理念，孩子的成长可能会发生意想不到的变化。蒙台梭利作为意大利著名幼教专家，虽然不会教你如何让孩子的鼻子变得俊俏挺拔，却能告诉你如何遵循自然法则，在孩子成长的路途上，少一分阻碍和伤害，多一分理解和尊重，从而让孩子健康成长。

著名文学家冰心曾说："让孩子像野花一样自然生长。"这是她在儿童教育方面的一个观点，这种观点对我国的儿童教育特别是家庭教育是有深远意义的。著名作家老舍先生就是这种观点的实践者。

老舍特别喜欢孩子，有自己的一套儿童教育观和比较超前的教育思想。老舍先生主张自由地发展儿童的天性，维护他们的天真活泼，满足他们的正当爱好，建议不要对孩子干预太多。

即使在孩子报考大学选择专业的关键时刻，老舍也只是在一旁听着孩子们热烈地讨论，而不发表意见。当孩子们征询父亲意见时，他豁达地笑了笑，说："你们讲的都是外国话，你们该入哪科我一点都听不懂。我上一边去待着，我不参与意见。"最后，兄妹四人全部选择了理工科。虽然无一人继承老舍的衣钵，他却很释然，对儿女们说："这是你们自己的选择，我很赞成。"

老舍先生有四条言简意赅、引人深思的教子章程，家长们不妨参考一下：

一、不必非考一百分不可，特别是不必门门一百分。

二、不必非上大学不可。

三、应多玩，不失儿童的天真烂漫。

四、应有一个健壮的体魄。

在教育方面，父母的责任就是：发现儿童真正的本性，然后帮助和引导他们正常地发展。孩子需要父母的引导，但孩子更需要父母的理解和信任。所以，家长不妨学学老舍先生，尊重孩子的天性，把紧紧束缚着孩子的双手松开一只，还给他们一个自由、宽松的成长空间，让他们在大自然中轻松地呼吸，像"野花"般争奇斗艳，茁壮成长！

第五章

1岁孩子"不听话"行为
背后的秘密

1～2周岁的孩子，偶尔会出现明显的逆反心理。他们不停地"搞破坏"，不在意别人的存在，不挑场合地发脾气。别误会孩子，所有的"不听话"行为背后都有密码，需要我们用心"破译"。

1. 为什么孩子总是一刻不停地"搞破坏"

1岁的孩子是天生的"探险家"

1～2岁的孩子，个个都堪称专业的"探险家"。1岁这一年，随着月龄的增加，孩子开始用他们逐渐发育的各种感官孜孜不倦地探索周围的世界。显然，这个时期的孩子对这个多彩的世界充满了独立探索的欲望，表现出不懈的探索精神。

"探索"是1岁孩子不可遏制的天性，而他们的心灵则像一块永远吸不饱水的海绵，时时刻刻都在向这个世界"索取"。那些有幸能将这种乐趣保持下来的孩子，会有更多的发现并解决问题的欲望。贴心的父母，应该尽量去满足孩子强烈而旺盛的感官需求，孩子的感官用得越多、接受的刺激越丰富，其发育也就越完善。只要父母引导得当，孩子的这种天性就不会被磨灭，反而会得到更好的发展。

1岁的孩子喜欢钻洞

凡是家里的角落，或者是像洞穴一样的地方，孩子都会很感兴趣，想用自己的身体试一下，或者干脆钻进去探个究竟。这是孩子在感受空间，试图用身体对空间进行探索的一个过程。

1岁的孩子喜欢爬高

1岁的孩子不知"天高地厚"，看到比较高的地方就有爬上去的欲望，如凳子、沙发、床、楼梯等。

摸一摸，摇一摇，拍一拍，敲一敲……

1～2岁孩子的手部精细动作能力有了很大提高，受好奇心的驱使，他们总想动动这儿、碰碰那儿，对身边的事物尝试进行各种操作。这种手部能力的变化使他们充满了自豪感，也会让他们试图去改变和控制周围的事物。这时候父母在保证安全的前提下不妨允许他们去接触那些他们感兴趣的东西，如一片树叶、一把泥土、一盆水、一个饮料瓶子……丰富的操作体验会让孩子对他周围的世界产生更多的认识，也会让他越来越乐于对自己感兴趣的东西伸出双手。

在孩子探索的过程中，需要注意探索的对象是否存在安全隐患，如果是，则要严格制止，并明确告诉孩子这个东西不能拿。别以为孩子听不懂，他会从你的神态中知道其中的信息。

1岁的孩子拥有主动探索认知的能力，他们的耳朵、眼睛、嘴巴、鼻子、四肢都蕴藏着巨大的探索能量，世界在他们眼里生机勃勃，充满了吸引力。爸爸妈妈不妨给他们自由和空间，陪着小探险家一起探险，一起玩耍，跟孩子一起重新认识世界，你会从孩子的视角里发现很多不一样的风景，千万不要错过这段美妙的旅途！

难道我的孩子得了多动症吗

周妈妈：我正准备换好衣服出门，打开鞋柜一看，里面竟然一双鞋也没有。原来我的宝贝女儿依依把它们全"转移"到茶几上了，居然还是从大到小排列得很整齐。老公要出门时，半天找不到钥匙，一看，依依正用它在卧室的门上乱戳呢。

刘妈妈：儿子鑫鑫1岁6个月了，每天在家里爬高上低，到处翻找，真不知道他想干什么，搞得我晕头转向。只要稍不注意，他就弄得家里乱七八糟，让我一会儿也不消停，简直精疲力尽。

为什么大人如此辛苦，孩子却乐此不疲？

原因一：我在锻炼和研究呢

比起前几个月，1岁的孩子又增长了许多新本领，他们的活动能力和身体的协调能力都有了很大提高，这些促使他们更加想要探索外界，所以，他们便由一个乖宝宝成了一个爱捣乱的淘气包。这个阶段的孩子，肢体活动在他们的所有活动中占的比例最高，换句话说，他们这段时间基本靠四肢来表达自己，提高自己，"小孩子都是用脚来思考的"，这句话一点没错。四肢引导他们认识这个世界，而他们的很多能力也是在"动手动脚"中积累来的。家有"小捣蛋"，不用担忧，这正说明孩子的智力发育状况良好。

原因二：我在模仿呢

孩子经常看到爸爸妈妈打开柜子，掀开垃圾桶，拉开抽屉，拿出各种东西，这对他们来说非常神奇。孩子的捣乱行为除了满足好奇，热衷于寻找新的发现、新的惊喜之外，其实也是一种对父母的模仿。案例里的依依的好动就表现在这个方面，其实孩子希望自己能像爸爸妈妈那样做一些事，比如自己开门、倒牛奶，虽然大多数时候都是添乱，但儿童需要经过这一过程由一种简单的生命状态过渡到更高的状态，从而形成自我。

原因三：我想要你的关注

对孩子来说，吃好穿好是不够的，他们始终需要你的关注，如果没有得到足够的重视，他们就有可能表现得顽皮和多动，这样爸爸妈妈就会注意他们了。当然，孩子的这些表现都是无意识的，所以，父母千万不要没来由地责怪孩子，要仔细想想，是不是自己没有足够关注孩子，要学会透过现象看本质，去发现真相。

2. 孩子不喜欢和小朋友一起玩

2岁前，孩子的社交成长 "线路图"

人类是社会性动物，孩子也不例外。那么，你的孩子是通过何种途径了解自己和他人关系的？从什么时候开始交朋友？1~2岁这个年龄段对孩子社交能力的发展有何意义？作为孩子的第一个玩伴，父母又该如何协助孩子扩展 "朋友圈" 呢？

接下来，我们就选取孩子2岁之前成长过程中的几个关键点，帮助处于困惑中的父母逐步明晰孩子的社交成长 "线路"。

想想你家孩子一路的成长历程，当他还是襁褓中那个不足满月的小 "东西" 时，他就喜欢被抚摸、拥抱，喜欢有人在旁边说话，对着他笑。

长到3个月时，孩子在醒着的时候会经常骨碌碌地转动双眼，或是费力地扭头，好奇地观察这个他并不熟悉的世界，观察身边熟悉或不熟悉的人。这个阶段，他会绽放人生第一个真正的笑容，更会用 "咯咯" 的笑声来表达情感，与大人交流。

4~7个月时，孩子比以往更容易接受陌生人，也会用热情的回应来表达自己与父母已经建立起来的亲密关系。当然，随着活动能力的增强，这个阶段的孩子可能会对他这个年龄段的小朋友表现出浓厚的兴趣，但还只限于看一眼或抓挠一下的范围，不会一起玩，更不会进行其他形式的交流。

孩子在1~2岁时，会对周围的人和事物充满兴趣，啃咬、破坏，都是他试图弄清自己和周遭世界联系的探索方式。这个阶段的孩子，在进行语言学习的同时，也很喜欢交朋友，特别是当他与同龄或稍大一点的孩子在一起时，会非常高兴，并且会花不少时间和精力去观察甚至模仿小朋友的行为举止。当然这种情况并不会持续下去，其间孩子可能会突然不愿意与别人交往，父母的离开或陌生人的拥抱会使他们焦虑甚至大哭。其实，这也是孩子成长过程中必然会经历的分离焦虑，在孩子10～18个月时，这种情绪往往表现得尤为强烈。

在孩子2岁时，他会开始喜欢和其他小朋友一起玩耍，注意，这时候的玩耍可不再是简单的观察或者无目的的抓挠，他们想要的，是真正意义上的玩耍，想要和小伙伴搂抱着在沙发上滚来滚去，想要一起把毛绒玩具高高抛起……但与学习其他技能一样，孩子的社交能力也需要不断尝试，他也会犯这样那样的错误。他们可能总是以自我为中心，单单因为小伙伴没有在游戏中遵照他的"布局"进行，就生气地将对方推倒在地；可能在别的小朋友来家里时，就急忙把自己喜欢的玩具藏起来，不愿进行分享；又或者，和小伙伴在交往过程中稍有冲突就伸手打人……别担心，这些行为的出现，并不代表你的孩子生性自私或者有暴力倾向，这只是伴随儿童独立意识发展的衍生现象，在父母的帮助下，孩子会逐渐熟悉他人，会喜欢这种交往。这，就是孩子社交技能发展的开始。

那么，父母又该如何抓住孩子成长过程中的关键点，让孩子的社交能力"高人一等"呢？下面，我们就将结合中外育儿专家的观点，为父母列出一些社交发展黄金培育法则，希望对孩子社交能力的提高有所裨益。

学会欣赏孩子，帮助他们以恰当的形式与他人建立联系

和好友家的孩子比起来，你的孩子似乎并不那么热衷于与人交往。这很正常，你的孩子可能本身就性格腼腆。即使他再长大些，你也没有必要"催促"他像"隔壁家"的某某一样成为社交明星。孩子们的个性及交往

特点不尽相同。有的孩子不太喜欢人群，朋友也不多，对于这样的孩子，父母要多观察，看他一个人的时候是否能玩得开心，是不是感觉快乐，如果是，大人就不必担心，而要学会去欣赏孩子的这种安稳与沉静。

或许你的孩子表现得不太合群，并非因为他无法和别的小朋友发展友谊，而是他不喜欢别人的游戏方式。这种情况，同样也需要父母的观察与引导。如果你家的男孩特别不喜欢像别的孩子那样打打闹闹，你就可以鼓励他加入一些相对安静的游戏，或引导他与性格相对平和的孩子交朋友；如果你的女儿在人多的时候会表现得特别紧张不安，那么，小的圈子或者一对一的交往，可能就会让她比较从容和舒适。

而且，身处社交探索阶段的孩子如果能拥有一个长时间接触且关系颇为固定的"好友"，则对他们社交能力的发展有很大帮助，这能让他们更多地积累与别人交往的经验，即使在人多的时候仍会表现得不太自在，但拥有一个好朋友这件事情，也会让他们在以后的人际交往中拥有更多的自信。

帮孩子走出去，从接触小朋友开始

1～2岁的孩子开始萌发出友谊的种子，他们开始将自己的注意力从玩具转移到身边的小朋友身上。父母们要知道，在孩子出生后的头三年，他与人打交道的许多经验和本领，并不都是从你们那里学来的，而是从与小伙伴的交往过程中获得的。

在与小朋友的接触过程中，孩子可以相互分享玩具，同时学会一种玩具的多种玩法，这样他们既开阔了眼界，又提高了动手操作、解决问题的能力；孩子通过对同龄人的模仿，也渐渐明白当他向小伙伴愉快地微笑，就能得到肯定与接受，从而获得分享和合作的欢乐；而当他打人、抢夺别人的玩具时就会引起小伙伴的反感，甚至引起双方的打斗，这些都是孩子在与小伙伴们的交往中获得的宝贵经验，他们的认知能力会随之得到迅速的提升。

不要过分要求1岁孩子的分享行为

1岁半以后，孩子所要学的一项社交技巧就是分享。但父母要知道的是，分享并不是孩子天生就会的，只有当他到了3岁左右，才会出现真正的分享行为。而在这之前，孩子先要知道什么是"我"和"我的"。知道什么东西属于"我"，才能真正学会分享。

分享意味着快乐。父母硬逼着孩子和他人分享是不可取的，要学会耐心等待，只有当孩子弄明白什么样的行为能给自己带来快乐，同时他也期待着与他人一同感受快乐时，分享行为才能真正出现。

为孩子找一个玩伴，并尊重孩子之间的友谊

两个孩子在一起互动，要比许多孩子在一起活动更有利于1岁孩子社交能力的发展。无论对大人还是对孩子来说，生活中有一个亲密的朋友都是很珍贵的。有研究表明，当孩子有一个朋友时，在玩耍上花费的时间会比没有朋友的孩子多出六倍，与别人交流的时间也会更长。对此，爸爸妈妈在带孩子出去玩的时候，可以仔细观察孩子的社交活动，留意孩子最喜欢和哪个小伙伴交往，可以制造一些机会让他们在一起玩，促使他们进行更深入的交往。

有两个建议可以帮到您：

1岁的孩子喜欢熟悉的面孔，最好把孩子熟悉的小伙伴召集在一起玩耍。

组织孩子们参加偏"动"的游戏，如荡秋千或骑车等，孩子在这些活动中的积极互动要比在那些安静的动手游戏（如搭积木）中的互动多得多。

处理好孩子的玩具争夺战

1~2岁孩子的交往大多数时候都是围绕玩具而发生的，与同伴之间的冲突也多是因为争夺玩具或其他物品而起。当孩子想要别人的玩具时，其实也是他社交的开始，这表明孩子在玩耍的时候开始注意同伴的玩具了。当别的孩子想索取自己的玩具时，孩子面临两种选择——要么给别的孩子玩，要么自己继续独自玩。但是，无论哪种情况都可能引起冲突，若别的孩子占有欲

很强，一定要抢玩具，那么这种情况下大人不必过多干预，而是要多鼓励孩子同小朋友互相交换玩具。这样的交换会让1岁孩子体会到放弃一样东西并不是什么大不了的事情，和小伙伴分享玩具并没有什么损失。

需要注意的是，1～2岁的孩子这个时候还不理解"彼此"的概念，以为所有东西都是自己的，爸爸妈妈要防止孩子与他人玩耍时爆发"冲突"，谨防意外伤害。

3. 攻击行为

打人、咬人是孩子身心发展的自然表现

令不少父母烦心的是，孩子不知道从什么时候开始，就喜欢上了咬人、打人这种攻击行为，稍有不悦就会咬住父母的手臂不松口，你一不注意，他又会把让他不高兴的小朋友推倒在地。

> 多多正坐在地板上画画，而他身边的东东正在玩赛车玩具，多多被吸引而忍不住探过身子看东东玩。但是这样一来多多正好挡住了东东，东东二话没说，一把将多多推倒在地，然后又自顾自地玩了起来。
>
> 1岁半的萌萌和10个月的邻居童童在一起玩，玩着玩着童童却哭了起来。这时萌萌有点不知所措，疑惑地望了一眼妈妈后用力把童童推开，童童哭得更厉害了。萌萌看了看童童，也哭了起来。

1~2岁的孩子习惯于用嘴巴和手探索世界，所以，语言能力还未发育完全的他们，一旦遇到没办法用肢体和仅有的语言来表达需求，或者以他自己的能力无法向外界充分表达情感、挫折和困难时，就难免用咬人、打人来发泄自己的情绪，表达自己的挫败感。而对于处在自我意识萌芽阶段的孩子来说，咬人就更加平常了。当然，牙齿的发育让他们的牙龈发痒、不舒服，所以他们的咬人行为大多不含有敌意，而主要是通过咬来释放牙龈内部的压力，让自己变得舒服些。

这个阶段的孩子，自我意识已经萌芽，出于对所有权的保护，他们会用敌意和攻击行为实现自我防御和对所有物的保护。有时，周围环境以及父母情绪的变化，也会被他们敏感接收，为释放压力，他们会将此外化为攻击行为。当然，假如看多了成人以暴力方式解决问题，爱模仿的孩子们也会以为这就是最有效的方法，从而变得崇尚"武力"。

总之，大多数孩子的咬人、打人行为，其实是身心发展到一定阶段的自然表现，与性格暴戾并无太大关联。这需要父母仔细分辨，耐心引导。

如何改变孩子打人、咬人的习惯

及时控制事态发展

在孩子出现打人、咬人行为时，父母一定要坚定地告诉他"不能咬人""不能打人"。如果此时孩子的情绪比较激烈，对这样的劝说完全不顾，父母这时可以从身后抱紧他，这样做一来可以阻止孩子的动作，二来可以缓和他的情绪。

等孩子情绪稳定后，可以尝试着说服他向对方道歉，哪怕只是一个简单的"对不起"，也能让他对自己的行为有所补救。如果孩子的情绪不能及时平复，或者即使平复却仍旧倔强地不愿意道歉，父母可以先代替孩子向对方及家人进行道歉，然后带孩子离开现场，找个安静的地方继续进行交流。

帮助孩子表达，并表示理解

也许1～2岁的孩子暂时还说不清楚打人、咬人的原因，这时大人就要帮助他表达清楚，然后帮他分析。比如：有的小朋友拿走了他正在玩的积木，他要不回来，就打了小朋友。这时大人可以和他一起友善地跟小朋友沟通，请对方还回来。

在弄清楚孩子攻击他人的原因后，试着搂紧孩子，明确表达对他的行为和想法的理解。比如，"妈妈知道那是你心爱的玩具，某某不该不打招呼就拿走的""我知道是他先弄疼了你……"，这样的安慰能够让孩子激动的情绪快速缓和下来。

让孩子了解不当行为的后果

当孩子打人时，父母要坚定地告诉他这种行为是不好的，语气要很严肃，但不必对他大吼大叫。为了让孩子明白被打的人会"痛"，还可以轻轻捏一下孩子，让他体会"痛"是什么感觉；同时警告他，如果再出现类似的行为就要接受惩罚，比如再打人就不能在游乐场玩了。当孩子再次出现打人的行为后，父母就要立即执行上一次所说的惩罚，否则孩子发现你只是随口说说而已，就不会引以为戒，今后还会做出这种行为。

教孩子如何正确处理冲突

1岁半以后小孩子的社交行为很容易从"喜剧"变成"闹剧"，但推搡、抓头发甚至打人、咬人这类"武力行动"，则是父母们绝不能放任不管的。因为如果一个孩子一旦用打人的方式成功处理了一次冲突，那么以后他会更容易用"武力"去解决其他事情。对此，父母的态度一定要明确而坚决，这样，孩子打人的行为才能得到有效遏制。

当然，除咬人、打人之外，你的孩子也有可能成为被咬者、被打者。对于孩子间发生的小冲突，父母自不必太过认真，大可放手让他们在历练中学习成长。但如果孩子遭遇到的是一些极端行为，那么教会孩子及时躲闪、表达愤怒，甚至在不造成伤害的前提下进行"还击"，就非常有必要了。在冲突中保护自己，也是一个人在社交中必须学会的一种能力。

4. 孩子吮吸手指时不必担心

1岁半以前的孩子吮吸手指

1岁2个月的洋洋经常把手指放在口中吮吸，从周岁起，洋洋就偏爱吃被角、吃玩具等，如果大人阻止，他便开始吮吸手指。别的妈妈们提醒洋洋妈，是不是因为她的母乳不足而使孩子没有得到满足？或者是孩子独自睡觉，妈妈不在身边的缘故？洋洋妈把这些情况一一排除了，她的奶水很足，孩子一直是跟她睡的，也照顾得很好。

很多妈妈看到孩子吮吸手指的第一反应是阻止，"多脏啊""吸多了空气肚子会疼吧""老这么吸，手指头都变形了"……但看着他们吸吮得津津有味的模样，妈妈也会不忍心打断，而且很多时候即便打断，刚过一会儿，孩子的小手又会伸到嘴里。那么，孩子为什么喜欢吃手指呢？这种习惯一定要改掉吗？

其实，人类从出生开始就会吮吸，而吮吸手指，一方面能够给孩子带来安全感，以帮助孩子抵抗因为对这个世界的不熟悉而产生的焦虑，另一方面，孩子本身就具有吸吮和反射的需求，而吸手指带来的满足感和吃母乳的感受是不一样的，因此，孩子即使已经吃饱了，也还会把小手放到嘴里不停地吸。

父母要知道,吃手指是每个孩子成长过程中的必经阶段。有些孩子甚至在妈妈子宫内就会吸手指了。到了1岁半左右,大多数孩子的吸手指行为会逐渐消失。

与其制止,不如成全孩子

只要一看见孩子吸吮手指或其他玩具,父母就如临大敌,总是想马上制止,这时孩子就会哭叫起来,以示抗议。

其实,事情没有你想象的那么严重,只要孩子"啃"的不是危险品就不妨成全孩子,充分地满足孩子的口欲,你只需把孩子的玩具洗干净、手擦干净即可。要谨记的是,千万不要训斥孩子,这样只会让孩子情绪紧张,吮指就会成为他们"消除焦虑"的行为,进而影响孩子未来的心理健康。父母要放宽心,这种情况随着孩子年龄的增长会慢慢消失。当口腔敏感期结束,孩子就会迎来手的敏感期,到那时他们就会用手来探知世界,而不是用嘴巴了。

允许孩子吮吸手指,但要预防孩子过度吮吸

虽然1岁半以前的孩子吸手指是很正常的,但是父母必须谨慎预防因此而带来的不良影响:一是谨防细菌入侵,手洗得再勤,也难以避免细菌的存在,一旦孩子在吃手指过程中吃入太多细菌,就有可能引发细菌感染或其他病症;二是谨防脸部变形,孩子吃手指时,手指难免在口腔内四面蠕动,时间久了,可能会干扰儿童上下颌的正常生长,还会影响孩子的长相;三是谨防手指受伤,手指每天都泡在嘴里,很容易造成脱皮、肿胀等外伤,长期吮咬,手指的骨骼发育也可能会变形;四是谨防影响牙齿生长,手指的乱入可能会影响牙齿的排列、咬合。

所以,要允许孩子吮吸手指,但要预防孩子过度吮吸,要做到这一点,

最好从孩子婴儿时期就着手。

下面是给父母的一些建议。

尽可能实现母乳喂养，让孩子充分享受吸吮的快乐。

如果要断奶，先从让孩子逐渐适应辅食和配方奶开始，不要突然断奶，让孩子感到焦虑和突然失去安全感。

爸爸妈妈要准确分辨孩子的各种需求，对于那些必需的和合理的，要及时予以满足，同时，也要多陪伴和拥抱孩子，多陪孩子做游戏，参加户外活动，睡前给他们讲轻松愉快的故事，让他们随时都能感受到安全、幸福和满足。

孩子睡醒后，不要让他们单独在床上待太久，以免他们因为无聊有意无意地把手指伸入嘴里，从而养成吮吸手指的习惯。

如果孩子已经出现吮吸手指的行为，那么，应该尽可能及时地把他的手指从嘴里拿出来，然后用玩具或者给他一块磨牙饼干的方式，转移孩子的注意力。

为预防孩子过度吮吸，把他的衣袖拉长遮住手指也不失为一个好办法。另外，给孩子的手指上涂抹一些苦的食物，也能有效戒断孩子的吮指行为。

5. 公共场合耍赖

看见喜欢的东西就想买，不买就哭闹

孩子看见喜欢的玩具就赖着不走，这种事情在1岁孩子的身上非常普遍。爸爸妈妈们因此非常头疼：不给买，孩子就又哭又闹，眼泪汪汪，甚至

就地打滚；给买吧，怕惯坏了孩子，认为孩子才这么点大就懂得用眼泪"威胁"大人了，怎么办？

在这里，提供几个小方法给广大家长朋友。

转移孩子的注意力

当孩子出现哭闹行为时，父母可以及时转移孩子的注意力。如妈妈可以告诉孩子"我们再往前看一看，那里可能会有更多有趣的玩具哦！""看那边有个小朋友在玩气球，我们过去看看吧？"等等。值得注意的是，父母不要为了转移孩子的注意力而轻易对孩子许诺，比如说"我们先去买别的东西，一会儿过来再给你买"，在这种情况下孩子就会有所期待，一旦你不能满足孩子的期待，他就会很失望，长此以往就会失去孩子对你的信任。

冷处理

孩子为了达到"目的"，有时会采用各种办法来吸引父母的注意力。比如，在逛商场时他看中了一样玩具，父母不同意买，他就会当场大哭大闹，这时如果父母碍于面子，满足了孩子的需要，就会给孩子留下"哭闹就能得到玩具"的印象。有了一次"成功"的体验后，孩子就会"故技重演"。

因此，对于孩子在商场哭闹的行为，父母可以暂时不予理会，可以先看看其他的商品，或者和别人聊天，这样会让孩子感觉到父母并不在意他的这种行为，当然前提是要保证孩子在自己的视线范围内。孩子发觉自己的行为未能引起父母注意，就会逐渐停止哭闹。

给孩子台阶下

孩子哭闹一番之后仍然无果，他就不再执着于自己的目的。这时如果他还是不能停止哭闹，那么最大的原因可能是感觉自己没有受到足够的重视。这个时候父母可以和孩子进行一些互动，比如，妈妈可以请孩子一起选择一样大家都喜欢的东西，还可以请孩子为妈妈选一样礼物，妈妈也为孩子选一样礼物，等等。

不停地扔东西

小蒙最近喜欢上了一项新"游戏"——扔东西。

每次一吃饱饭，小蒙就会随手把桌子上的东西扔出去，勺子、水果、碗，抓到什么就扔什么，边扔还边哈哈大笑。睡觉时就更疯得不得了，枕头、枕巾、玩具、衣服，一股脑儿扔得到处都是。"不能扔东西，妈妈捡回来你就不能再扔了！"大眼睛眨巴着答应得好好的，可妈妈刚一捡回来，她会哈哈笑着继续扔出去，乐此不疲。

"不许扔，再扔我就要打屁股了！"妈妈生气的时候也会大声训斥，可她才不管你那一套呢，依然我行我素。妈妈心中不禁奇怪，孩子为什么就爱扔东西呢？

对很多1岁半到2岁的孩子来说，扔东西绝对是一项能让他们的新鲜感和成就感得到满足的新技能。从举臂抛出，到松开手指让东西落下，这是一系列非常精细的动作，也需要相当精准的手眼配合能力，难怪你的孩子想频繁练习这项令他们激动的新本领。而接下来发生的事情，则让他们更为欣喜，他们会看到，不管把什么东西丢出去，永远都是下落，而不会向上去。虽然他们还不懂得地心引力这回事，但绝对会非常快乐地沉浸其中。如果他扔的是球，球会弹起来；如果扔的是勺子，会和地面碰撞发出清脆的"当啷"的声音；如果扔的是盛水的杯子或者盛饭的碗，飞溅起来的水或食物更会让他兴奋不已。这些不仅会让他们觉得非常好玩，还会让他们亲身体验到事物发生的变化，从而增长诸多知识和经验。当然，有时孩子把东西扔出去，是希望引起大人的注意，他扔你捡，他会觉得这是你和他之间在进行游戏。

除非你的孩子是用水杯砸镜子，或者用硬物掷人，否则真的没有惩罚的必要。然而，无论扔东西对孩子来说多么有趣，或者有多少好处，毋庸置疑的是，他们的这种乐趣和探索肯定会给大人带来困扰。但想让这个年龄段的孩子不扔东西，就像让他们安安静静待半个小时一样困难，父母能做的，就是确保他扔出的物品不会伤害别人或砸坏东西。

如果你能引导孩子知道哪些东西是可以扔的，哪些是绝对不可以扔的，孩子喜欢扔东西这件事给大人带来的困扰将会大大减少。比如，塑料泡沫球绝对属于可以随时抛出的物品，不会对人和其他物品造成损害，危险性最低。不过，有游戏性质的抛物对孩子来说可能更为有趣，比如，把用过的纸巾抛入垃圾桶，或者把石头丢进水里。通过这样有意识的引导，孩子慢慢就会明白只要他在合适的时间、合适的地点扔合适的东西，是完全被允许的。

但是，如果孩子扔的是不合适的东西，比如勺子，或者扔的地方不合适，比如用皮球砸人，父母就要平静地告诉他，这么做是不对的，然后告诉他怎样玩才可以。

需要注意的是，家长千万不能严加指责，因为这反而会让孩子觉得，扔东西是获得别人关注的好办法，有了这样的成功经验，以后一旦他想引起关注或者希望表现自己，就会用扔东西的方式来实现，反倒不利于这种坏习惯的戒断。

不严厉制止并不代表不管，父母首先要做的是稳定自己的情绪，然后带孩子走到他摔东西的地方，对他的行为进行中肯的评价："乱扔东西，绝对不是一个乖宝宝该做的事""这样丢东西是不对的，我们不喜欢这样的宝宝"……别着急，耐心中肯地多说几次，他会听懂，也会记得的，这一点你一定要相信。

父母不要在孩子刚扔出去之后，就立即把东西捡回，这会让他觉得这是一种游戏。当然，也不要为了惩罚孩子就要求他把扔出去的每一件东西捡回，对这个年龄段的孩子来说，这样的工作太过艰巨。正确的做法是，父母在孩子丢出东西后，先给他片刻宁静，让他在气氛的突然变化中反思自己是否犯了错误，之后，父母就可以就他的行为进行公正评判，待这些都进行完毕后，再邀请孩子一起来收拾残局："你看屋子被你搞得这么乱，你要不要和我一起收拾呢？"

不分场合发脾气

孩子总是不分场合和你发脾气，好像孩子就是要陷你于"尴尬"之中。遇到这种情况，父母要怎么办呢？

带到私密场所

1岁3个月的林林陪妈妈在超市排队等待付款的时候忽然发起了脾气，她拉着妈妈的衣角又哭又闹还跺脚，原本安静排队的人都朝她们看了过来，有的人甚至笑起来。妈妈不好意思地笑笑，带着林林到了一个没人的货架旁。妈妈心想，这下可以让孩子好好发泄了，自己也不用被围观了。

孩子在公共场合闹起了脾气，这的确是一件让人尴尬的事。在这种情形下，父母很难先考虑到孩子的感受，而首先想到的是别人对自己的看法。有的家长情急之下，对孩子生拉硬拽，这样做只会刺激孩子的逆反心理，事情也会变得越发不可收拾。案例中的林林妈就做得非常好，她平静地把孩子带到一个私密的场所，既能第一时间让自己免除尴尬，还能控制住场面，这样母女二人可以从容地解决问题。孩子情绪恢复的能力很强，私密场所是孩子平息情绪的好地方。父母只要稍微安抚一下，就可能让孩子平息自己的愤怒情绪。

给孩子选择

在公共场合，如果孩子的要求不合理，不妨给他另外的选择。

贝贝妈在好朋友的派对上帮忙，1岁5个月的贝贝却不合时宜地发起了脾气，她哭闹着、尖叫着，不依不饶地想要抢另一个小朋友的帽子，妈妈很尴尬，对方的家长也很尴尬。看到朋友客厅里的置物架，贝贝妈灵机一动，从上面拿下两个绒线玩具，问贝贝："你是想要小熊还是小牛？"贝贝顿时停止了哭闹，看看小牛又看看小熊，好像陷入了沉思。

贝贝妈妈的这个方法很巧妙，让孩子进入选择的状态，从而忘记刚才发生的不愉快的事。这其实就是我们前面提到过的转移注意力法。在公共场合，这种办法用于处理上述局面是非常快速有效的。

给孩子一个拥抱

身体接触对这个年龄段的孩子还是很有作用的，在孩子发脾气的时候，什么道理也不用多讲，直接给他一个拥抱，亲亲他，就是对孩子最好的安慰。

以上方法无论用哪一个，有一个原则父母要始终坚持，那就是保持冷静。只有在冷静的情况下，才能保证这些方法顺利实施，同时在情绪上也能给孩子树立一个温和、平静的好榜样，让孩子效仿。

第六章

父母与1岁孩子
相处的技巧

孩子1岁了，渐渐有了明显的喜怒哀乐，这些情绪并不能说明孩子已经具备了完善的情感基础，而是还处于逐渐丰富的过程中。这个时期的孩子经常会产生跟父母交流沟通的愿望，所以理解他们所用的方式方法对爸爸妈妈来说是非常必要的。

1. 和1岁半左右的孩子正确对话

与1岁孩子对话的方法

孩子1岁了，渐渐有了自己的喜怒哀乐，这些情绪并不能说明孩子已经具备了完善的情感基础，而是还处于逐渐丰富的过程中。这个时期的孩子经常会产生跟父母交流沟通的愿望，理解他们所用的方式方法对爸爸妈妈来说是非常必要的。

研究表明，大多数1岁孩子的语言表达能力要远远落后于行动能力，他们想表达的时候更多的是用肢体语言。例如，点头表示同意，身体后退表示不愿意。如果有人问"妈妈在哪里"，他会转过头去看向妈妈；妈妈说"去亲亲奶奶"，孩子则会走过去亲奶奶。孩子对语言的理解能力要比表达能力强得多，对大人说的一些简单的语言已经能够进行基本的分析，并且可以按照大人的意思去做，这是孩子的思想与行为慢慢协调统一的过程。

1岁的孩子刚刚学会说一些简单的词语，与这一年龄的孩子交流，爸爸妈妈要多掌握一些小技巧，以下就让我们来详细了解一下与1岁孩子对话的技巧。

请蹲下来和孩子对话

在和孩子说话的时候，父母要注意观察孩子的面部表情，最好蹲下来，与孩子保持平视，尽量和他靠得近一些，让他能看到并模仿你的口型，这样可以帮助他更快地学会各种发音。

强化孩子的词组表达

和孩子对话时，父母可以先把词组转变为短句，然后再表达出来，比如孩子想吃饼干并重复表达饼干这个词语时，父母可以将句子延长，问孩子："宝宝，你是想要吃饼干吗？"这样，就加强了孩子对这句话的印象，使孩子能够简单模仿。

多用积极肯定的词句

在孩子学说话的过程中，爸爸妈妈应该尽量少用诸如"别碰"或"停下，别那么做"这样的否定词句，而应尽量用"正面语言"和孩子说话。告诉孩子"你可以做什么"比"你不可以做什么"更有效，这将带给孩子极大的信心。

负面语言：不要拿水杯！

正面语言：宝宝，乖，快把水杯放下。

负面语言：你怎么把手弄得这么脏？

正面语言：来，我们把手洗干净。

负面语言：不要乱跑！

正面语言：宝贝，站好。

例子中的负面语言有两个弊端：一是否定了孩子，让孩子产生了挫败感；二是只阻止了孩子的行为，让孩子记住了"不要"做什么，而没有直接给孩子建设性的意见。所以，父母如果想让孩子更乖一些，最好用正面的语言和孩子沟通，而不要用负面的语言。因为孩子也和成人一样，不希望总是被否定、指责，而正面的语言不仅会给孩子正确的指导，还会大大激发他的积极性。

做孩子的"导游"

1 岁的孩子是这个世界的"新客人"，即使是对洗澡、吃饭这些日常生活也会充满"问号"。这时候需要父母做好孩子的"导游",喂他吃饭、给他洗澡都是你和孩子说话的好机会——"现在,爸爸给你穿衣服啦""来吧,我们来洗个手"。平时也可以告诉孩子"这是冰箱""这是洗衣机""这是镜子"等等。自然、亲切的语言"导游",对提高孩子语言能力非常有效,也利于孩子的社会化发展。

说给孩子听是孩子想象力的源泉

俄国教育家乌申斯基说:"强烈的活跃的想象是伟大智慧不可缺少的属性。"一切创造、发明和求知都离不开想象力。一个拥有丰富想象力的孩子,他的潜力也是无限的。

1~2岁的孩子想象力开始萌芽。这个时期,当你对孩子说"香蕉"时,孩子的头脑中就会浮现出香蕉的具体形象。这个具体的形象就是表象,不断积累的表象就是孩子以后想象的基础,是想象力不断喷涌而出的巨大源泉。

这个时候,多让孩子说还不是重点,多说给孩子听才是最紧要的。帮助孩子积累生活经验,带孩子去户外,边玩边说给孩子听,帮孩子熟悉周围环境中各种事物的名称,甚至你的各种经历见闻,都可以变成简单的语言告诉孩子。诚然,孩子并非能听懂你的每一句话,对你所表达的词语在他的小脑袋中也可能得不到具体的形象,但你不断重复,并且尽量找机会让孩子对你说的东西与具体实物相对应,时间一长,孩子脑海中的表象储备就会越来越丰富。孩子会不断地在环境的刺激、影响下对这些表象进行加工改造,不断地形成新的形象。比如,"香蕉"这个表象在孩子的小脑袋里进行加工之后,会不断地变成月亮、香蕉与人的结合、香蕉人等。不要认为孩子小,思维还不可能进行这么复杂的工序,实际上,孩子的想象力是异常丰富的。

2. 如何说孩子才会听

说孩子爱听的话

怎么让1岁的孩子愿意听你说话呢？

这里的"听"指的是孩子能专注地听你说话，愿意听你说话。

　　姥爷给波波买了一辆玩具小汽车，波波玩得特别开心，妈妈见状就顺势和他"聊"了起来。

　　"嘀嘀嘀，喇叭响了，波波，这是哪里响？"

　　"这里，这里。"波波高兴地叫。

　　"哎，前面的灯亮了，波波小朋友，怎么办呢？"

　　"下，下。"波波着急地说。他的意思其实是停下。

　　"停下，宝贝，是停下。"妈妈温柔地纠正。

　　"提，提！"波波发音还不准，把"停"说成了"提"。不过，他一直在配合着妈妈。

　　"快看，前面的车要做什么？我们到了哪里？"

　　波波听着妈妈的问题，又开始陷入了思考。

想让孩子听，就要让孩子听到他感兴趣的，让孩子和你一起"入戏"，吸引孩子听下去。

怎么才能让孩子认真"听"你的？这就是怎么和孩子有效沟通的问题，没有好的交流方式，即使你说得再多，孩子也不想听、不愿听。

认同他的感受

1岁的孩子还不能连贯地说出一整句话，但是不管孩子说的是单音节词还是双音节词，我们都要耐心地听，耐心地揣摩孩子的意愿，必要时可以帮他们表达出来，并真诚地认同他们的感受，这样孩子才会"听"。别忘了，1岁孩子的自我意识正在觉醒，他们可是有自己的主意的。

避免用命令式的口吻

避免用命令的口气对孩子说话。"马上上床睡觉！""不许吃糖！""怎么这么不听话？"父母的这种命令和责备的语气，给孩子的感觉非常不好，尽管他还不懂事，但你说话的表情和态度，肯定会引起他的反感，无论处在什么年龄段，人在这方面的感受是一致的。同样的话，换一种态度，孩子就会听，"帮妈妈把杯子拿过来！""这就对了，这才是妈妈的乖儿子！"尽量用平和的语言和孩子沟通，避免有负面情绪，孩子才会乐于接受。

如何读，孩子才会受益

1岁孩子在身体发育的同时，大脑也在同步发育和完善。早期接受的知识和信息对孩子的影响巨大，大多数才华横溢的名人在幼儿时期就受到了很好的熏陶。

歌德小时候，他的母亲时常给他讲故事听，充分地激发了歌德的想象力，最终使他成为世界知名的伟人。著名的丹麦童话作家安徒生，在幼儿时期就非常喜欢听父亲读寓言传说，那些故事深深地吸引着他，丰富着他的精神世界，成为他日后创作的源泉。

　　1 岁的孩子在用身体去感知周围事物的同时，大脑也在不停地存储着各种信息，此时不妨找一些故事书，利用各种机会读给他听。例如，在哄孩子睡觉的时候，用轻柔的语调读几个简单的童话故事，让他在身体安静的时候保持大脑的活跃，增强孩子以后对阅读的兴趣。除此之外，父母还可以给孩子念一些童谣和古诗词，它们韵律优美，朗朗上口，更容易吸引孩子的注意力，也能在孩子的脑海里留下深刻的印象。

　　有位妈妈就是在坚持给孩子阅读时感受到了无尽的惊喜。

　　　　当孩子 1 岁 4 个月的时候，就学会对她说"谢谢妈妈"了，这使她感动万分。

　　　　孩子起床前，这位妈妈会给孩子读童谣："天亮啦，太阳公公出来啦，宝宝也醒啦。"睡觉前，她会给孩子读一篇小故事，"从前，有一个小男孩……"

　　　　外面下雨了，妈妈会和孩子一起坐在阳台上，看外面美丽的雨景，然后对孩子大声说："滴答滴答，下雨啦！下雨啦！小草喝饱啦，叶子更绿啦，小花喝饱啦，花儿更红啦。"

　　　　孩子玩游戏时，妈妈说："小脚丫，胖脚丫，脚盆里，划呀划，扑哧扑哧打水花，好像两只小白鸭。"

　　这位妈妈和孩子的交流方式是非常有借鉴意义的，她充分地把阅读和孩子的生活联系在一起，在阅读中和孩子建立了非常好的感情沟通基础，孩子也从阅读中受益良多。

　　不同的孩子有着不同的爱好，有些孩子能很入迷地听大人阅读，有些孩子则根本听不进去，这怎么办呢？研究表明，处在幼儿期的孩子的大脑在功能方面发育是有区别的，所以他们才形成了不同的爱好、不同的性格特点。也许有些孩子会对阅读表现得不够热情，但父母也要尽量摸索出孩子喜欢的读物种类，坚持给孩子阅读，让孩子有更多、更丰富的语言资源可以吸收。

这些内容可以在潜意识中"按摩"孩子的脑细胞，在他们的脑海里会产生一个模糊的记忆，这对孩子的智能发展会有很大的促进作用。

有的孩子对图画更有兴趣，那么父母可以找一些带有生动插图的故事书来给孩子阅读，让孩子边看图边理解故事的内容，这样的阅读方式会更有启发性，孩子也更乐于接受。需要注意的是，爸爸妈妈给孩子阅读的时间不能太久，也不能强制性地给孩子灌输知识。从小在轻松愉快的气氛中接触文字，孩子将来才会喜欢阅读。

可以批评吗之一——小孩子的个性也是个问题

现在许多家庭只有一个孩子，致使不少孩子养尊处优、自我意识强烈，这样就容易形成一种自以为是的性格，让父母觉得很难管教。研究表明，大多数孩子在幼儿期就会形成自己的性格特征，成年后也不会有太大的改变。

1岁多的孩子，开始产生了自我意识的萌芽，他们的行为还处于模仿与探索的阶段，对是非的辨别能力很差，经常会想到什么就去做什么。这时父母不要一味地迁就孩子，否则很容易让孩子养成不良的个性和习惯。家长在这个时期应该进行适当的批评教育，让孩子知道什么可以做，什么不可以做。针对不同类型的孩子，教育方式也应该有所不同。

有的孩子性格温顺腼腆，家长稍加训斥，就会大哭大叫。孩子很难明白父母为什么会这样，只会在心里产生一种不理解的委屈与恐惧，在以后的日子里，会变得更加胆怯畏事，容易形成性格上的内向与孤僻。所以，父母在批评1岁孩子的时候，要选择在一个愉快和谐的环境下进行。

有的孩子活泼好动，父母稍不留神，这些小淘气就会闯祸，不是摔坏东西，就是碰伤自己。这让爸爸妈妈又生气又心疼，无论是大声训斥，还是肉体惩罚，效果都微乎其微，孩子还是屡教不改。对于这样的孩子，父母需要用更多的耐心去引导，培养孩子的自我控制能力。

有些孩子性格固执，生气时会大发脾气，躺在地上哭，甚至还会咬人或打人。这一般与家人的溺爱有关，当碰到困难或达不到自己的意愿时，他们就会用哭闹、撒泼的方式来宣泄。爸爸妈妈此时不能过分批评孩子，应当及时转移孩子的注意力，鼓励孩子自己解决难题，体会成功的感觉，培养自信自立的意识。

可以批评吗之二——很自然地发生

对于1岁多的孩子，爸爸妈妈应该知道，大人们的大道理，孩子是很难理解的。在对孩子进行批评教育时，应该处于舒适、和谐、愉快的气氛中，让孩子有一种安全感。父母的表情和动作要温和亲切，要尊重孩子，语言要简洁，意思要明确，避免长篇大论，让孩子听得懂、记得住，不要使孩子产生厌烦的感觉，要让批评自然地发生。

对于孩子的不良习惯，父母应该在生活中利用各种机会进行引导性的批评教育，让孩子在潜移默化中养成良好的习惯。父母是孩子的第一任老师，孩子的许多行为都是在模仿爸爸妈妈，包括一些在家长看来很不好的习惯，其实都是父母不自觉的行为对孩子造成的影响，父母不能仅仅去责备孩子，而应该先从自己身上找原因，改掉自己的坏习惯。父母言传身教才能让孩子向着好的方向发展。

在对孩子进行批评教育的同时，应该让孩子知道，做错事没关系，也不可怕，只有知道什么是错误的，才能理解哪些是正确的，从而克服自己的缺点。有些家长平时溺爱和迁就孩子，而孩子一旦犯错，不发脾气则已，一发脾气就是雷霆之怒，这种极端化的处理方式，会使孩子产生严重的叛逆思想。

对孩子的批评教育，要注意方法策略，既要有效地警示孩子，又不能让孩子产生恐惧、挫败、压抑的负面情绪，应细心地了解孩子，尊重孩子的意愿，在陪孩子玩的过程中慢慢引导，用自然缓和的方式去教育孩子。

传达爱的对话——"妈妈特别喜欢你"

父母都对孩子怀有深切而丰富的爱，但孩子未必知道或者能感到父母的爱，这也是很多亲子冲突的根源所在。

圆圆家最近多了个小朋友。圆圆的姑姑和姑父要去出差，便把女儿送到圆圆家由圆圆妈照料几天。

对于姐姐的到来，圆圆非常高兴，每天跟在姐姐身后寸步不离，两个小女孩一起玩、一起吃、一起睡，非常要好。可最近几天，圆圆变得没那么听话了，经常因为小事情哭闹，不听大人的话，昨天竟然因为姐姐睡觉时搂了她的小熊，早上一起床就把姐姐推倒在地。今年只有4岁的姐姐坐在地上哇哇大哭，圆圆却梗着脖子站在一旁，跟平时的她一点也不像。妈妈批评圆圆不懂事，不懂得照顾小客人，圆圆非但不道歉，反而也哇哇大哭起来，怎么劝也没用。

如果不是因为身体不舒服，那么孩子的哭闹还有什么原因呢？圆圆最近的反常表现，就是她希望父母疼爱的暗示。1~2岁的孩子刚刚产生"我"的意识，了解到自己和父母终究不是一体的，他们常常会在内心深处对父母产生分离的忧虑，因此也更需要父母的关注和关爱。案例中的圆圆，在家里来了小伙伴的新鲜感过去后，就自然将目光转向父母对姐姐的态度上。姐姐是家里的小客人，圆圆父母给予她的关爱和照料可能更多，这便让圆圆产生了嫉妒、不安甚至愤怒的情绪，于是，多日的情绪积累便因为小熊这样一个小物件爆发了。

父母的爱是孩子成长的关键养分，如果家长能很好地向孩子表达爱，给孩子教诲和引导，孩子就能顺利成长，并以宽容和自信的心态面对未来。所以，孩子一旦在某个时间段表现反常，父母就要反思一下，是不是最近对孩子责骂太多，关爱太少，然后巧妙地告诉他"爸爸妈妈特别喜欢你！"

技巧一：创造向孩子表达爱的机会

表达爱也需要创造机会，这一方面是为了关照那些平时羞于直接用语言向孩子表达爱的父母，另一方面，父母对孩子不明所以的爱的表达，很容易让孩子认为，自己无论做什么父母都会因为爱他们而无条件接受，应避免孩子因为父母的爱而变得骄纵。

你可以先让孩子做一些力所能及的小事，然后紧紧抱住他，对他说："谢谢你帮妈妈的忙，妈妈好喜欢你这样能干又善良的宝宝呀！"这样，既让孩子知道了自己是因为什么得到母亲的认可和表扬，又让孩子感受到充足的爱。于是，心理上得到肯定和满足后，有了充分安全感的孩子自然不会再做出之前令人困惑的行为。

技巧二：通过温和的肢体接触来传达对孩子的爱意

不吝惜语言的同时也不要吝惜温暖的怀抱，父母的拥抱和充满爱意的抚摸，在很多时候都有非常神奇的力量。能让暴躁的孩子平静，能让沮丧的孩子自信，能让怕黑的孩子安然入睡。

技巧三：提供一个充满爱意的家庭环境

家是孩子身体和心灵成长的港湾，是一个家庭共同创造美好回忆的地方。因此，在家庭生活中，父母要对孩子的需求及时给予回应，要用积极向上的气氛鼓舞他们成长，用幽默风趣、平等理解的方式来对他们进行教育。不要动辄对孩子大喊大叫，也不要当着孩子的面大吵大闹。

技巧四：无条件地爱孩子

有些时候，孩子的行为可能会让你觉得无助、沮丧、失落甚至愤怒。但是，这都是孩子成长过程中必然要经历的事，经过不断的犯错、改正、再犯错、再改正，他们才能学会成为更好的人。而在陪伴孩子成长的过程中，父母要做的就是尽量体谅孩子，无条件地理解他们的行为，包容他们的错误。当然，这里的无条件并不代表放纵，父母对孩子的错误言行要及时纠正，但对孩子的爱要无条件。即使孩子前一个小时还气得你血压飙升，但只要他知道自己错了，并及时纠正了自己的行为，你就应该告诉他"我是爱你的"。

对孩子的行为叫"暂停"

1岁多的孩子，常会有一些坏习惯。这可让爸爸妈妈为难了：如果听之任之，孩子便闹腾得更欢；心平气和地劝说孩子，孩子又不理不睬，依然我行我素；想狠狠心打一顿屁股，又觉得不是什么大问题，不值得这样惩罚孩子。

这时的孩子，其实是把对大人的一些模仿当成了游戏，玩得既开心又起劲，完全没有意识到这样的模仿跟捣乱有什么区别。这样的小问题会有很多，爸爸妈妈也不能随意地责备，否则会伤害孩子的好奇心，抑制孩子的兴趣爱好，让孩子失去应有的活力。

有一个好的办法，可以既不伤害孩子的好奇心，又能让他们的行为得到纠正，那就是对孩子的行为说"不"。不用跟他说很多，也不用生气，只要简单告诉孩子不可以就好了。还可以让孩子停止活动，乖乖坐在小凳子上。或许这时你和孩子都需要一点安静的时间。这样做的好处是让孩子知道，做了不应该做的事就要被"暂停"。

暂停的另外一个意思是，引导孩子暂时停止他的捣乱行为，让孩子把注意力转移到别的游戏上去。这样一来，孩子既中止了不当的行为，情绪也不会受到任何影响。如此，孩子自然就会意识到自己哪些行为是不恰当的，以后这样的行为也就会慢慢地消失。

善用各种引导措施

一般而言，对1岁孩子进行管教，父母不需要用到多么复杂的方法，只要用心体会孩子的兴趣爱好，善于使用各种引导方法，就可以减少许多不必要的麻烦，让爸爸妈妈和孩子之间相处得轻松和谐。以下是一些常用的办法。

夸奖

有人说好孩子是夸出来的。话虽有些夸大，但孩子确实是非常喜欢受到表扬的，即使是1岁多的孩子，如果得到爸爸妈妈的夸奖，也会显得很受鼓舞。所以，父母要善于表扬孩子，这样，孩子就会为了得到大人的肯定而做得更好。

玩具

1岁孩子虽然对食物没有多大兴趣，可是在面对玩具的时候，他们的兴趣就要大多了，尤其是在面对一件新玩具时，他们会很快把注意力转移到上面去。有效地利用玩具，攻破那些比较固执的孩子的"防线"，让他们变得安静听话。

"假装"

虽然1岁孩子的语言表达能力比较差，但是他们可以感受到爸爸妈妈的情绪变化。爸爸妈妈高兴，他们会感觉到轻松自在，爸爸妈妈生气，他们也会感觉到紧张不安，产生害怕的感觉。有些时候，爸爸妈妈有必要装出生气的样子，让孩子感到紧张不安，那样，他们的行为便会有所收敛。

3. 人际关系的萌芽：给孩子安排小伙伴

1岁孩子的自我意识开始萌芽，到了1岁9个月的时候，他们的自我意识会更加强烈，当意愿得不到满足的时候，他们就会用哭闹的方式来发泄自己的不满。这个时期的孩子，喜欢在自己的小天地里一个人玩，一个人说着别人听不懂的话，而且在玩玩具的时候，也不喜欢别人来打扰。

不过，1岁孩子在自我意识发展的同时也有了区别自我与他人的概念。这种概念会使他们对同龄的孩子产生兴趣。和同龄的孩子在一起时，他们会仔细地观察对方，有时还会主动上前去触摸对方，比如，摸摸头发，揪揪耳朵，有的甚至会莫名其妙地打对方一下。这些表现说明1岁孩子已经具有了与别人进行交流的欲望，只不过他们的这些表现都属于潜意识的行为。

此时，爸爸妈妈就应该考虑给孩子安排一些社交活动了。这样做出于两方面的考虑：一是随着大动作能力的发展，孩子的活动范围在迅速扩大，原本单一的亲子互动已经无法满足孩子的情感需要；二是提供孩子与别的小朋友交往的机会，使彼此互相熟悉。孩子之间的人际交往将影响孩子日后的交际能力。

如果家长忽视了孩子这方面的潜在需要，那么孩子可能会变得性格孤僻，胆怯害羞，从而影响其个性发展。

4. 给孩子定规矩

孩子渐渐长大，曾经的"开心豆"变成了"麻烦精"：一不高兴就大哭大闹，遇到不喜欢的人伸手就打，吃饭要追着喂……孩子这样的表现，与大多数父母的期待值相距甚远。然而，管得太少怕骄纵，管得太多又怕孩子"呆"，那么，在1～2岁这个关键时期，我们究竟要让孩子学会哪些规矩呢？

作息规律

能否拥有规律的作息，不仅关乎生活品质，还会影响孩子的身体健康。父母可以从以下几个方面帮助孩子从小养成有规律的作息习惯。

首先，尊重孩子的节奏。根据孩子的年龄、身体状况、发育特征及季节变化，制定并及时调整孩子的作息表，不做硬性要求，也不一味照搬别人的育儿方式。

其次，与作息有关的事情都要固定。每天的洗澡、洗脸也都要固定一个时间。

再次，营造良好的睡眠环境。准备好睡前读物，尽量不开大灯，只开柔和的小壁灯。形成习惯后，孩子一看到妈妈拿出睡前读物或小壁灯亮起就知道该睡觉了。

最后，父母要做好榜样。孩子的作息习惯、时间观念往往与父母的作息及工作规律有关，所以，父母要为孩子做好榜样，比如早睡早起、不熬夜等等。

自己的事情自己做

如果让孩子从小就学着去做自己力所能及的事，那么在进入幼儿园之前，孩子就能掌握一定的自理能力。所以，父母一定要放开手脚，耐心指导孩子自己动手，比如穿衣、洗脸、归置物品等，父母可以给孩子制定简单的行动计划并贯彻执行，同时付出更多的时间和耐心处理由于孩子能力不足而造成的麻烦。

健康的饮食习惯

饮食习惯的好坏，事关孩子的身体健康与成长发育。父母要重视培养孩子良好的饮食习惯：饭前洗手，帮助父母收拾碗筷；不偏食、不挑食、细嚼慢咽；不要一边吃饭一边玩玩具，甚至跑来跑去；不暴饮暴食、每次盛饭不要太满……

帮孩子建立物权意识

物权意识要从小就灌输给孩子：自己的东西可以自己支配，但别人的东西不能随便拿；要征求物品所有者的同意，才可以动别人的东西；想玩别人的玩具，要先学会分享自己的玩具。

学会等待

从幼儿阶段开始，家长就应该让孩子知道等待以及遵守一些规矩会获得回报的道理，比如吃完饭才可以玩玩具，乖乖睡午觉下午才能出去玩。适度等待不仅可以培养孩子的忍耐力和坚毅品格，还会强化孩子的规则意识，避免孩子变得任性。

注意事项

父母的行为和所坚持的理念要一致，一旦制定规则，就要严格遵守，不能轻易破坏。

只制定最为必要、孩子绝对能够做到的规矩。

多提正面要求，把禁令减到最少。

5. 父母的心

在孩子的成长过程中，你只是配角

父母是孩子的创造者，同时也会参与孩子从嗷嗷待哺到长大成人过程中的每一个环节。然而，孩子的长大虽然离不开父母的关照，但孩子却不是任何人的附属品。从出生起，他们就是有自我、有自尊的社会人，父母能做的，不是控制而是引导，不是主宰而是配合。所以，从这个意义上讲，父母不是孩子成长过程中的主角，而是配角。在孩子的成长过程中，父母应该扮演的是陪伴者、老师、朋友、长辈、伯乐，想要成为合格的父母，这五个角色缺一不可。

成为孩子的陪伴者，给予他安全

3岁之前，父母的陪伴，对孩子安全感的建立非常重要。

父母对孩子的陪伴，并不仅仅是时间上的概念，更是质的要求。也就是说，并不要求父母每天要花多少时间陪孩子，但需要父母对孩子的陪伴是全心全意的。即便父母每周只能有一天时间和孩子在一起，但这一天如果能关掉手机、忘掉工作，心无旁骛地倾听、陪他们玩耍，让孩子感到父母的心是与他们在一起的，便能够给孩子心中注入充足的安全感和满足感。

现实生活中，有的父母虽然每天都跟孩子待很长时间，但和孩子在一起时却总是心不在焉，不懂得怎样倾听和理解孩子。有时，甚至还会因为白天的繁忙而变得不耐烦，经常发脾气，这样的陪伴，对孩子显然有百害而无一利。

成为孩子的导师，多给他建议

父母是孩子的第一任老师，父母的性格、行为举止、处事方式等，往往会对孩子产生巨大影响，特别是在孩子还没有进入学校前，父母更是孩子生活和学习上的导师。

父母是孩子身边最为亲密的人，因此，作为导师的父母，并不需要有多么渊博的学识，最关键的就是善良、正直的品格，以及对孩子无条件的爱和建立在爱的基础上的对孩子的理解、包容与尊重，这样，父母才能和孩子建立良好的关系。当然，父母也不用太过小心翼翼，该放手的时候，一定要放开手脚让孩子独立行动。

成为孩子的朋友，和他一起玩耍

父母是孩子的第一个玩伴。孩子玩过家家的时候，会赋予你角色；孩子捉迷藏的时候，会安排你藏在窗帘后面；孩子摆积木的时候，会让你参与意见；哪怕是孩子独自摆弄小汽车，也希望你能在旁边"欣赏"着他。从一开始，孩子就自然而然地将父母当成了自己的朋友，而如果父母能在这样的陪伴中全身心地参与孩子的游戏，以一颗童心扮演好孩子朋友的角色，就会让孩子把游戏进行得更为有趣，孩子也会变得更加快乐，也更乐于分享。同时，对大人来讲，这也是了解孩子、走入孩子内心的一个难得机会。

当好孩子的家长，让他们懂得尊敬

不管社会给父母赋予多少角色，对孩子而言最重要的角色还是家长。作为家长，父母首先要拥有丰富的经验和知识储备，这样才能帮孩子解决成长中遇到的各种困难，给予他们帮助、安慰和信心。

同时，作为家长，父母也要让孩子知道"尊老"的意义。百善孝为先，一个长大后对社会有贡献的人，首先应该是一个懂得孝敬父母的人。因此，父母要做好榜样，尊老爱老，在长期的耳濡目染中，孩子自然也会知道"孝顺"的含义。

成为孩子的伯乐，发掘他们的潜能

父母可能是这个世界上最了解自己孩子的人，有时甚至比孩子自己更了解他。所以，只要不是对孩子爱得太过盲目，父母就很容易看清孩子的优势和劣势、喜好和厌恶，也更能够因地制宜地对孩子进行引导，挖掘孩子的潜力、发现孩子的优势，增加孩子未来适应社会、获得成功的机会。

当然，父母的肯定和赞美，也能够促使孩子更清楚地认识自己，让他们变得更加自信和理性，而自信和理性能促使他们在未来的道路上走得更好。

妈妈情绪不好时不要批评孩子

在孩子的心目中，妈妈是随时能照顾自己并且有求必应的人，也是孩子情绪安定的保证。孩子喜欢在妈妈的周围行动，喜欢自己的视野里有妈妈。然而年轻的妈妈们在工作和生活中常会遇到许多不顺心的事，如果这个时候孩子的行为恰好不符合妈妈的要求，不配合妈妈的行动安排，就会让妈妈更加心烦意乱。

无论如何，妈妈都要克制自己，不要随意去批评孩子，越是自己情绪不好时越要控制自己的行为，否则，对事情往往缺乏理智的分析，小问题都会被无限放大，容易把孩子当成出气筒，把一腔怨气发泄到孩子的身上，对纠正孩子的行为无任何益处。

妈妈在情绪不好时批评孩子，往往会做出一些让自己都后悔的错误行为，使得自己的心情更加糟糕。而且，妈妈错误的教育方式会给孩子留下很不好的印象，让孩子受到无法估量的伤害。

妈妈的种种不理智表现还会给孩子留下不小的阴影，比如，影响孩子的行为模式，使孩子认为这才是处理问题的正确方式，孩子处于模仿阶段，以后容易"复制"这样的行为。

其实很多事并不是什么大不了的事，只是妈妈受不良情绪影响认为事情很严重。在这样的情况下，孩子感受最多的是妈妈的情绪变化，无形中就会影响到孩子，使得孩子在日常生活中都会看妈妈脸色行事。久而久之，孩子性格会变得很压抑，对妈妈产生敌对情绪，容易形成逃避和说谎等不良习惯。

因此，妈妈要懂得控制自己的情绪。不妨把孩子的事情放一边，先调整一下自己的心态，等心情平静下来再去处理。妈妈不要把自己的负面情绪传染给孩子，要学会调节控制情绪的办法，为孩子创造一个宽松温暖的家庭环境，给孩子一个快乐幸福的童年，让孩子自信、乐观地成长。

父母必知的情绪调节方法

父母在生活工作中经常会遇上不顺心的事，心情不好的时候，又担心这种状态会对孩子产生不好的影响。这时，父母就应该去想一些办法，使自己的情绪得到调整，以免影响对孩子的教育。那么，父母怎么才能调节自己的不良情绪呢？

不良情绪有很多种，家长首先要对自己有清楚的认识，把心态放平稳，正确对待自己的情绪，不要逃避，也不要急于摆脱。父母在找到具体原因的时候，不要把问题复杂化，一步一步慢慢让自己冷静下来。

父母情绪不好，不要去想怎么忍着，怎么才能压制住，那样会使情绪像一座活火山一样，时刻充满着危险。父母要选择让自己的坏情绪慢慢地释放出来，当然，不能让自己的负面情绪对别人产生消极影响。许多情况下，人在坏情绪的影响下，感觉世界好像都是灰色的。这时，父母应该选择走出门去，什么也不要考虑，自由自在地享受一下大自然的宁静，让心情放轻松；也可以找个朋友聊聊，把肚子里的苦水倒一倒，在与朋友的倾诉中发泄一下，在朋友的开导下，心情会有所缓解；或者选择去看场电影，找支笔把自己的心情记录下来等。

经过这样的逐步调整，爸爸妈妈们是不是感觉轻松多了？当然方法远不止这些，关键还得靠自己，自信、乐观的生活态度是必不可少的。孩子是家里的宝，更是一家人快乐幸福的源泉，看着孩子那天真无邪的笑容，父母是不是觉得所有的付出和努力都值得呢？

第七章

养育1岁孩子，父母必须注意的
教育习惯

孩子幼儿时期的睡眠、卫生等习惯将对其今后的生活产生很大的影响，为人父母者应在孩子1岁时就逐渐培养他的好习惯，使他成为一个有教养的好孩子。

1. 规律的睡眠时间

到了1岁，孩子的睡眠时长会不断变化

1岁之前，孩子的睡眠时长从刚出生时的18个小时，逐步减少到14～15个小时，大部分孩子上午睡一两个小时，下午睡两三个小时，晚上睡11个小时左右。也就是说，1岁前的婴儿在一天中的大部分时间里都处于睡眠状态，睡眠次数从刚出生的每天四次减为两三次。

1岁后的孩子每天晚上睡10~12小时，白天睡两次，每次一两个小时。有些1岁前在上午会小睡的孩子，到了1岁后，可能会开始拒绝睡觉，或者把上午的睡眠时间推迟。上午睡得晚的孩子，下午三四点钟才能再次小睡，或者干脆不睡。

这个时期的孩子睡眠情况几乎每天都会不一样，有的孩子甚至连续两周上午不睡觉以后，又开始要在上午睡一觉，这些都是正常的现象。

如果你的1岁孩子总是在中午以前就困了，父母就要把午餐提前到11点左右，这样孩子在吃完午饭后就能睡个长长的午觉。

日常活动对1岁半的孩子来说是非常紧张而有趣的，所以睡觉有时成了孩子不喜欢的事情，这时需要家长帮助才能让孩子的兴奋情绪稳定下来。大体说来，孩子还是会在父母的安排下乖乖睡觉。如果睡眠充足，孩子通常会流露出愉快的情绪。这个阶段的孩子每天大约需要13个小时的睡眠，他们也会在中途醒来后想玩一会儿。这时，父母不妨在他们的身边放一些玩具，这

也是幼儿开始独立睡眠的最初表现。

1 岁 9 个月以后，有些孩子会因为害怕和大人分离而抗拒睡觉。这个时期大人要耐心安抚孩子，在孩子入睡以前不要悄悄离开，因为这样会再一次引起孩子的警觉，导致他更难入睡。

由于孩子的身体状况不同，睡眠时间的长短也因人而异，睡眠的次数也是如此：有的孩子白天只需要一次睡眠，大约在午饭后，但持续时间很长；有的孩子则必须有两次睡眠，平均每次 1～2 个小时。总之，1 岁后的孩子每天都有可能不一样，父母要适应这种变化。

调整孩子的睡眠程序：讲睡前故事、亲吻

睡眠质量的好坏直接影响着孩子的生长发育。生长激素在深度睡眠中分泌最多，充足的睡眠能促进孩子脑部的发育，有明显的益智作用。世界睡眠医学协会候任主席理查德·艾伦博士对于"哄着孩子睡觉"的做法持否定态度，他认为更好的做法是给孩子提供良好的睡眠环境。良好的睡眠环境才可以让孩子入睡快、睡得香，另外，为孩子建立一套有规律的睡眠程序是很重要的。如果孩子 1 岁以前有些睡前程序，如喂食或喂水等不再能让孩子心满意足地睡去，那父母就要重新调整了。

父母应该给孩子建立一套好的睡眠程序，比如睡前给孩子洗澡，玩一个小游戏，讲睡前故事，唱摇篮曲，拥抱和亲吻等。根据孩子的情况，也可以适当减去或增加几个项目。当然关键还在于这些程序是否每天都以同一种方式在同一时间以同样的顺序进行，这样才能使孩子获得安全感，并且也符合他们这个年龄段对秩序感的需要。

　　1 岁 5 个月的小吉最近一段时间老是睡不好，睡不了多久就醒了，妈妈给他换了更舒服的枕头、床单也不行，妈妈为此还给他补充了有助于睡眠的钙、锌和鱼肝油，但还是不大管用。以前晚上吉

吉一直都是9点40分左右入睡，可是现在却很难入睡。最近小吉妈妈工作忙，有时候是孩子的奶奶安顿孩子睡觉，会不会和这个有关呢？

问题的确出在小吉妈妈所疑惑的地方，是孩子的睡眠程序出了问题。奶奶和妈妈安顿孩子入睡的方式不一样，孩子没有了准确的入睡信号，当然就睡不好了。此外，小吉的睡眠程序太过单调。对于这个年龄段的孩子，如果能在入睡前给他讲个小故事，唱一首轻柔的歌曲，亲吻他的前额或脸颊，就能满足他更多的精神需要。给孩子一个良好的入睡氛围，有助于孩子获得优质睡眠。

除此之外，父母可以把洗澡安排在孩子睡觉前，尤其在夏天，这样会给孩子干净舒适的感觉，对他的睡眠非常有帮助。

2. 大小便训练

什么时候才是训练排便的最佳时机

有些家长在孩子很小时就迫不及待地开始进行排便训练了，认为孩子越小学会排便就越聪明，其实这种想法是不正确的。有的孩子很早就学会了排便，有些孩子则到了三四岁还不能完全自理，而他们的智力并没有太大差别。朋友的孩子都会大小便了，而自己的孩子还在包尿布，这并不能说明你这个家长不合格。

　　在孩子独立大小便前，他首先得意识到便意，接下来得知道这些和上厕所的联系，同时，孩子还需要具备控制排便冲动的能力，这一切都需要以孩子的生理发育到一定程度为前提。而大部分孩子到18～24个月时，控制排泄的肌肉才逐渐成熟，太早训练或强制性训练孩子大小便都是不妥当的，还会引起括约肌功能失调以及便秘。

　　那么，什么时候才是训练排便的最佳时机？训练排便是家长和孩子之间的事，确定孩子已经准备好，你也准备好的情况下，训练才可以正式开始。

　　对孩子来说，以下迹象表明时机已经成熟：

　　　　能够听懂父母的话，简单理解父母提出的要求。

　　　　自己会走路。

　　　　能口头表达简单的需求，或能用肢体语言向你传达出要排便的信息。

　　　　注意到裤子湿了或脏了，能够喊父母帮忙换上。

　　　　想要独立。

　　　　喜欢模仿和取悦别人，显露出对控制大小便的兴趣，例如会跟随父母进入卫生间，模仿父母坐到马桶上等。

　　　　能将自己的裤子拉上和拉下。

　　　　两次小便的间隔时间变长，有2～3小时。这说明孩子的膀胱肌肉已经发育到能憋住尿了。

父母方面：

　　　　不是非常忙，家里没有重大的事，如搬迁、家庭成员之间发生矛盾等。

　　　　没有在准备迎接另一个小生命的诞生。

　　　　了解孩子的排便规律。

对于教孩子如何排便的知识和步骤有所掌握。

非常有耐心。

对孩子的训练结果有合理的预期。

准备了孩子专用的马桶。

如果孩子并没有显示出任何可以进行大小便训练的迹象，或在训练的过程中突然失去兴趣，父母不必有挫败感或带着负面情绪指责孩子。要知道，将"让孩子早日独立上厕所"视为好父母标志的时代已经过去了。虽然对孩子来说，上厕所是"长大"的标志，但如果他们想"拖延"一下也是无可厚非的。

在家长的帮助下，孩子自己大小便

了解了孩子的"排便原理"，并不意味着父母可以完全不管，也不能认为等时机成熟孩子自然就会了。在父母的帮助下，让孩子进行一些训练是有必要的，孩子也需要从中学习一些技巧。

提醒

当孩子表现出要上厕所的迹象，如停止玩耍，蹲下，手抓尿布，交叉双腿，嘴里咕咕哝哝，脸皱在一起时，父母就要主动问他，"要便便吗？"反复多次，这种提醒就会帮助孩子建立这样的联系：一旦有便意就上厕所，并需要和大人示意，或找马桶、便盆。如果孩子掌握了这个联系，就完成了训练的第一步。

形成条件反射

想让孩子形成坐便盆就可以排便的条件反射，就需要父母根据孩子的排便规律在相应的时间带他到便盆前，如果孩子的排便并无规律，那就隔一段时间让他坐一次便盆，这样用不了多久，孩子坐便盆就排便的条件反射就会形成。

示范

利用这个阶段孩子喜欢模仿的特点，让孩子观察父母上厕所，父母要边做示范边向孩子解释每一个动作，同时教孩子一些大小便时会使用的语言，可以尽量简单和具体，如"去拉便便"，说得要自然，如果孩子身边有同伴的话会更好，这样就可以让孩子之间互相模仿学习。另外，男孩跟爸爸学，女孩跟妈妈学，更容易入手，孩子也学得更快。在孩子排便时，爸爸妈妈可以扶着孩子，嘴里发出"嗯嗯"的声音，提示孩子用力。大便后，用卫生纸帮孩子把屁股擦净。

不穿裤子的训练

天气暖和的时候，不妨给孩子穿一件宽松的上衣，让孩子光着屁股跑，这样，孩子一有便意便会蹲下来，这时父母就从旁指导，把便盆放在孩子的屁股下面。等到孩子习惯了，父母就可以给他穿上裤子了。

表扬

当孩子无须提醒就能找到便盆进行大小便，或独自去卫生间到儿童马桶上进行大小便时，父母要及时表扬孩子，表达出自己的欣喜之情，还可以给孩子一个小奖品。

大小便后的擦拭

最后是教孩子学会在大小便后擦屁股、穿裤子、冲水和洗手。在这方面父母不要寄予太高的期望，毕竟这些任务对1岁的孩子来说实在有点难。

大部分的孩子要到四五以岁后才可以做到自己擦拭屁股，在这之前基本上还是由父母代劳。不过，在训练孩子独立大小便时仍然要实行完整的清洁程序，这对孩子日后形成良好的如厕习惯是非常重要的。确定孩子完成排便后，让孩子翘起屁股，这样方便你擦拭，同时，也让孩子习惯听从这样的指令，习惯这个固定不变的程序。需要提醒父母注意的是，在给女宝宝进行擦拭时，一定要从前往后擦，这样可以避免大小便残留的液体、残渣弄到生殖器，防止感染。

擦拭后，帮孩子把裤子提上来，最好扶着孩子的手，让他放在裤子的两边，以他的力量为主，辅助他提上来。

此外，还要向孩子示范如何盖好马桶盖，再放水冲，然后把孩子带到水池边，打开水龙头，辅助孩子洗手。大多数孩子对这个环节会非常感兴趣，因为平时看见大人们这样做，他们早就跃跃欲试了。此时正好利用这个契机，让孩子尝试自己洗手，充分满足他们的好奇心。最后，用擦手毛巾把孩子的手擦干。

通过每次执行相同的如厕步骤，使孩子逐渐熟悉上厕所的一系列流程，这会为他们将来大小便完全自理和形成良好的卫生习惯打下稳固基础。

调整排便规律

调整孩子的排便规律很重要。一方面，如果孩子养成每日定时排便的习惯，尤其是大便，就不容易产生便秘的现象，因为这样粪质不会在结肠内停留太长时间，大便不会太干，容易排出；另一方面，孩子有了规律的排便习惯，有利于训练他们独立大小便。

父母可以观察1周内孩子大小便的时间和次数，给孩子做一个排便的时间表。根据时间表总结规律，在特定时间让孩子坐到便盆上。

小便方面，1~2岁的孩子一般比较频繁。尿量的多少与饮食、季节也有关系，孩子喝水多尿量就多，夏天出汗多尿量就减少。不过，也可以形成一定的规律，睡前或睡后，饭前或饭后，外出前或回家后，可以让孩子排一下小便，方法是让孩子蹲在便盆上，父母发出"嘘嘘"或"咝咝"的声音。坚持一段时间后，孩子就有可能形成习惯。等孩子入睡后，父母每隔2~3小时可把尿一次，孩子尿床的现象就可以避免了。

大便方面，每个孩子每天的大便时间都有一定的规律。但他们排便的时段会不断变化，有时在午后，有时又移到了早上或者下午。

饭后半小时左右让孩子坐便盆，孩子排便的可能性是非常大的。因为进食后，胃部会刺激结肠排空，产生胃结肠反射，引起结肠收缩，这种收缩会使人产生排便的冲动。习惯饭后大便的孩子比那些没有固定排便时间的孩子训练起来要容易得多。父母可以训练孩子在固定的时间"坐盆"，提示孩子需要定时排便。相信经过细致耐心的训练后，孩子紊乱的排便规律就会被调整过来。

不良的排便习惯

令很多妈妈头疼的事就是自己的孩子有不良的排便习惯：

"我家孩子 1 岁 10 个月了，以前一直都是用纸尿裤，现在不给他用了。最近发现他拉大便总是不能一次性拉完，一会儿拉一点儿，真头疼。"

"我的孩子总喜欢边坐便盆边吃东西，一坐便盆就找我要东西吃。"

"我的孩子一坐便盆就要看动画片，嘴里反复叫着'猫猫'或者'羊羊'，这两个词代表了他比较喜欢看的动画片：《猫和老鼠》《喜羊羊与灰太狼》。一看就是大半天，有的时候他对我说拉完了，结果站起来一看，一点也没拉，真把人气死了。"

"我家非非以前还好，自从我去苏州出差二十几天后，回来全变了，尿的时候也不吭声，还随地尿，甚至边走路边尿。拉便便就更气人了，以前都是每天早上拉，让他坐马桶上就可以了，现在却死活不肯坐，要站着拉，拉得到处都是，愁死我了。"

引起孩子不良排便习惯的原因有很多。从第一位妈妈的描述来看，孩子的情况很有可能是肠道功能不好引起的，与平时水、蔬菜、水果等摄入量太少有关系。而后两位宝宝的表现与父母的教育方式不无关系，在这里提醒父母，在孩子坐便盆的时候要注意不要给孩子吃东西，也不要让孩子看图书、看电视或者看动画片等，那样会分散孩子的注意力，导致孩子不易排便。

孩子每次坐便盆以5～10分钟为宜，每天次数也不宜过多。随地大小便的问题出现在已经形成了好的排便习惯的孩子身上，是一种"退化"现象，不过，这种"退化"现象是正常的，原因通常与家里出现的变化有关，父母不用过于担忧。父母不在身边时，孩子有可能情绪低落，这种情绪可能导致孩子出现这样的反应。

排便习惯的养成

（1）把便盆或马桶放在固定的地方，1岁的孩子正在逐渐形成秩序感，始终放在同一位置也方便孩子排便时自己找到便盆。

另外，为孩子准备便盆时，可以让孩子自己挑选。有的便盆坐上去后会播放音乐，可以吸引孩子安静地坐好。这些"小手段"有助于孩子排便习惯的养成。

（2）孩子排便最好在每天的固定时间进行，尤其是大便，早饭后和午饭后都是很好的选择。因为饭后肠道出现蠕动，容易排便。小便则一般在喝水10分钟后。排便是一种生理现象，具有无意识反射和意识也发挥作用的特性，通过训练建立条件反射，孩子就会形成习惯。

（3）孩子大便时最好有人看护。即使孩子能自己找到便盆，父母也要陪在身边，以便能及时地指导孩子。

（4）孩子坐便盆的次数不能太频繁。有些父母认为只要多督促孩子，就能使孩子尽快地养成排便习惯，但坐便盆太频繁会使孩子厌烦，从而产生不合作的态度。

（5）孩子在便盆上成功排出大小便后，父母要及时给予赞赏；当孩子排便失败时，父母也不用紧张、失望，更不应该在大小便的问题上对孩子加以指责。这样只会让孩子产生挫败感，影响孩子排便规律的形成。

（6）不要对孩子的大小便表现出厌恶，因为这样给孩子的感觉就是从他身体里排出的东西是不好的，会挫伤孩子排便的积极性。

排便习惯的养成，不但有利于卫生清洁，而且会使消化系统的活动规律化，有利于孩子的生长发育。

3. 让1岁的孩子有自己洗澡的意识

害怕洗澡

1岁半以后，父母会发现孩子在洗澡时的状态和以前相比发生了明显变化。过去孩子很喜欢洗澡，现在却产生了害怕、厌恶的情绪。

萌萌1岁5个月了，自从出生起她几乎天天洗澡，也特别爱玩水，每天在大澡盆里洗澡时都显得很开心，有时候哪怕洗澡水变凉了也舍不得从澡盆里出来。可是就在最近，萌萌对洗澡的态度发生了截然相反的变化——只要妈妈一提洗澡，萌萌就哭闹。妈妈在澡盆里放了她最喜欢的小玩具，她也不敢进去，一边哭一边说要睡觉，后来甚至连卫生间都不敢进了。

在孩子1岁时，很多妈妈都会有类似的困扰：是什么原因使我的孩子突然变得害怕洗澡了呢？

1～2岁的孩子不愿意洗澡，究其原因，通常是因为他们对洗澡有一些莫名的恐惧感。有的孩子害怕水流进眼睛，甚至害怕听见水流进下水道的声音；有的则是因为父母在给孩子洗澡时，曾经用过于冰凉的手触摸孩子的身体或者洗澡的手法比较鲁莽等，使孩子在洗澡时感到不舒适，缺乏安全感，从而变得不愿意洗澡。

不管是什么原因，父母都要努力帮助孩子寻找洗澡的乐趣，要尽量使孩子在洗澡时感到舒适、愉快，从而让孩子习惯洗澡、爱上洗澡。

下面是给父母的一些小建议：

如果孩子害怕被放进浴缸，父母也不要强迫孩子。可以先用一个浅盆让孩子试试，用手慢慢地往孩子身上洒水，直至孩子适应为止。

等孩子长大一些，爸爸妈妈不妨试着让孩子自己洗澡。你可以在一旁为孩子"护航"，不时提醒孩子"洗过小手了，小脚要洗吗"……当然，在气温较低的季节里要注意掌握孩子洗澡的时间，不要因为孩子的"自由发挥"而使其着凉。

有的孩子害怕洗澡是因为水温不合适，或者对眼睛、耳朵进水感到恐惧，所以父母给孩子洗澡时手法要轻柔，尽量不要把水弄到孩子的眼睛和耳朵里。

带孩子做和水有关的游戏，比如让孩子给玩偶洗澡，也可以给孩子几个戏水的玩具，让孩子坐在澡盆中先玩一会儿再洗。

如果孩子抗拒洗澡是因为害怕洗头，那么父母可以为孩子购置儿童浴帽。

训练孩子自己洗澡

18～24个月的孩子已经初步具备了对身体的支配能力，在洗澡的时候，他们往往会试图把浴液泡泡涂在身上，这个时候父母可以趁机培养孩子自己洗澡的意识。

父母可以在 1 周中选择 1 ~ 2 天作为孩子的"独立洗澡日"，父母只需协助孩子进入浴盆或浴缸，给孩子提供毛巾、浴液和冲洗用具，然后让孩子"自主行动"。当然，大多数情况下孩子会把洗澡当成游戏，妈妈这时要始终陪在孩子身边，帮孩子抹好香皂或儿童沐浴液并打出泡泡，然后任孩子自己把泡泡在身上来回涂抹。妈妈要耐心地等待，因为孩子在进行这个活动时，会出现其他的自主行为。这些动作能提高孩子肢体各方面的协调能力。等孩子洗得差不多了，积极性下降的时候，妈妈再帮孩子进行最后的全身冲洗。

这个阶段的孩子离真正的洗澡自理还有很长一段时间，坚持训练会使他们初步具备洗澡和清洁的意识，满足他们想要独立的愿望，同时也能促进他们的大脑和肢体动作的发育。

4. 穿衣和脱衣

引导孩子穿衣、脱衣

1 岁半以后的孩子，可以简单地理解父母的话，父母这时不妨抓住时机，有意识地引导孩子学习穿衣和脱衣。

把动作与语言联系起来

在给孩子穿衣、脱衣时，提示孩子配合做出各种需要做的动作。比如：在给孩子穿上衣时说"伸手"，同时让他把手伸出来；穿裤子的时候，要说

"宝贝，伸伸腿！"这样就能把语言与孩子的动作联系起来，保持同步，反复多次，孩子就会越来越配合，同时也会将这些动作记下来。

要有一定的顺序

无论穿衣还是脱衣，都要有一定的顺序，并让孩子也能熟悉这些顺序。比如，给孩子脱上衣时，有扣子的话先解开扣子，先脱一只袖子，再脱另一只，脱下上衣后先脱鞋，再脱袜子，最后脱裤子。父母在做这些动作的时候仍然要配合语言，比如："宝贝，我们先把鞋脱了！""宝贝，最后才脱裤子哦！"

先易后难

可以先教孩子一些简单的动作，比如脱帽、戴帽，这些动作稍加训练孩子就会了。在孩子主动把帽子放在头上的时候，经常是歪的，不过你仍然要夸奖他，这样孩子就会树立信心，对穿衣产生兴趣。当你辅助他穿衣服的时候，他会更加尽力配合你的动作。

1岁半以后的孩子，大多数都可以脱帽子和袜子了，有的甚至还会拉开拉链，但此时的孩子大多还不会穿衣服。在和大人一起出去玩的时候，有的孩子还会主动地、很有兴致地帮大人把衣服拿过来。

最后，父母还要指引孩子将脱好的衣服放在固定的地方，这些都会给孩子留下印象，最终形成物归原处的习惯。

选择适合孩子的衣服

为1~2岁的孩子选择衣服要符合下列要求：

方便他们的活动。

方便他们穿、脱。

有利于他们的健康成长。

有利于大小便的训练。

尺寸：衣裤的尺寸要合身，过大或过小都会影响孩子的活动。

材质：孩子的肌肤十分娇嫩，他们偶尔还会尿床，吃东西时也容易弄脏衣服，考虑到这些方面，孩子的衣服宜选柔软天然、舒适轻便又易于清洗的面料。

款式：衣裤的设计要简洁大方，不宜有太多的装饰品，否则会妨碍孩子日常的活动，也不容易穿脱。上衣要长一些，以免孩子运动时露出肚子导致受凉。在训练孩子大小便的时候，如果温度适宜，孩子上衣穿得长一些，下面就可以光着屁股，方便孩子在不穿纸尿裤的情况下一有便意时立刻蹲下，也容易引起父母的注意，从而提醒孩子上厕所。此外，束腰的裤子皮筋不能太紧，太紧影响血液循环，建议选择背带裤。

5. 如何让1岁的孩子好好吃饭

最重要的事：让孩子学会自己吃饭

孩子1岁半之后，一些细心的父母便会发现，当自己用勺子给孩子喂食物时，孩子会抓住勺子往自己的嘴里放。其实，这个动作正是孩子想要独立吃饭的重要信号。

1~2岁的孩子已经有了强烈的自主吃饭的意识，所以当父母喂饭时他们会出现很多"反抗"表现：大人将食物送到嘴边，孩子不肯张口，表示不想吃；大人此时喂饭心切，便强迫孩子进食，往他嘴里硬塞，而孩子吃了一口后便赶紧摇头以示拒绝。

　　对于孩子吃饭时的这些表现，如果父母能够正确引导，就能顺理成章地培养孩子独立吃饭的好习惯。这需要父母有足够的耐心，不要急于求成，更不要找一些客观理由，如：

　　　　孩子还小，自己拿不好勺子；

　　　　孩子自己吃太慢了，饭菜容易变凉，吃进去容易拉肚子；

　　　　孩子自己吃会让饭桌一片狼藉，收拾起来很麻烦……

　　这样一来，就是无视孩子想自己吃饭的愿望。

　　父母不训练孩子自己吃饭或不给孩子自己吃饭的机会，看似节约了时间，实则会引起许多问题：日后孩子会依赖父母喂饭，以至于上幼儿园后不能独自进餐；吃饭不专心，总爱跑来跑去；注意力不集中，影响上学后的学习效率等。因此，父母要适时训练孩子自己吃饭，这不仅仅是锻炼孩子的自理能力，还关系到孩子今后的学习能力。

　　下面是关于引导孩子自己吃饭的两个建议。

父母要允许孩子手抓食物

　　当孩子六七个月时，就会用手抓食物送进嘴里了，这是人类与生俱来的本领。很多父母看到孩子抓饭便会去阻止，怕孩子把食物弄得满身都是，其实这种行为也是在阻碍孩子学习自己吃饭。允许用手抓食物是让孩子练习自己吃饭的第一步，平时父母可以为孩子准备一些水果块、面包片、煮熟的蔬菜等，让孩子将手洗干净，自己抓着吃。

心平气和地对待孩子的吃饭问题

　　对于孩子不好好吃饭的问题，作为父母应该抱有平和的心态，不要认为自己辛辛苦苦为孩子做了一顿丰盛的饭菜，孩子就一定要津津有味地吃得饱饱的。有时候，孩子或许并不饿，于是吃饭时会出现注意力不集中、边吃边玩耍等行为。其实这并不是孩子故意捣乱，父母要做的是学会理解孩子，包容孩子。

此外，不要因为孩子吃得多表扬他，也不要因为他吃得少而显得失望，要让孩子产生想吃东西的欲望。当他不再感到有压力时，自然会把注意力转移到吃饭上。

让吃饭变得容易

对 1 岁的孩子来说，没有比吃饭更重要的事了，然而对他们的家长来说，让孩子"好好吃饭"可不是一件容易的事。

来听听妈妈们的抱怨："宝宝今天什么也没吃！""孩子还是挑食，一点蔬菜也不吃！""正是长身体的时候却吃不进东西，这可怎么办啊！""孩子不好好吃奶，辅食也不吃，这么下去可不行！"

其实，只要父母找对方法，孩子吃饭就可以变得简单、轻松。

愉快的就餐氛围

想象一下，就餐时，全家人围坐在一起，气氛愉快又融洽，这样的就餐氛围，对孩子来说将是多么温暖的吸引。孩子可以安静地坐在儿童餐椅里，专心地注视着碗里的食物，好奇地探究，兴致勃勃地张开嘴，等着妈妈喂他，或者自己想办法塞进嘴里。

自己动手

孩子不想吃的时候，妈妈不妨让孩子给自己"帮忙"。如一位妈妈把做煎饼用的面糊装在挤压瓶里，让孩子在平底锅上挤出很多形状，孩子爱上这个游戏的同时，也盼着赶紧吃到这种食物。

父母还可以让孩子替你打开食品包装，或揭开盖子，撕掉包在蛋糕上的纸。孩子都喜欢这样的体验，只要让他亲自参与了，想不让他吃都难。此外，把蔬菜当成手抓食物，放在美味的佐料里蘸一下，孩子也会吃得很高兴。

给孩子一点儿"刺激"

当孩子对自己碗里的食物毫无兴趣时，你可以将他的食物放到你的碗里，大口地吃，表现出特别过瘾的样子，边吃边说："真好吃！"这时你会惊喜地发现，孩子正迫不及待地想从你的碗里"抢"食物吃。

神奇的"化妆术"

在孩子不想吃的食物上花些心思，尤其是蔬菜上，可以浇一些孩子喜欢的调味料，比如番茄酱。用孩子喜欢吃的食物去装饰不喜欢吃的食物，会让孩子对自己曾经排斥的食物产生兴趣。

适当让宝宝体验饥饿感

孩子有时不好好吃饭是因为还不饿，所以，父母可以让孩子适当体验饥饿的感觉。你可以在孩子拒绝吃饭时，心平气和地把碗收掉，不要在乎他剩下多少。这样"饿"几次之后，孩子就会主动好好吃饭了。

6. 18～21个月：培养清洁习惯

洗手

1～2岁的孩子每天都在玩各种玩具，他们的好奇心也逐渐变强，对见到的一切东西都能产生浓厚的兴趣。

如果在外面玩，孩子会东摸摸、西捏捏，会捡起地上的石头，甚至玩泥土，弄得小手脏兮兮的。这时如果他用脏手揉眼睛，就可能会引起眼睛感染；用脏手直接拿东西吃，手上的细菌也会吃到肚子里。所以，让孩子养成洗手的习惯是非常有必要的。

什么时候需要给孩子洗手

孩子每次吃饭前，或接触食物以前；

上卫生间前后；

与动物嬉戏后；

双手有明显的污渍时；

户外活动后或外出回家后。

准备工作

为方便孩子自己洗手，父母可以在水池边准备一个小凳子，将孩子专用的小毛巾、香皂放在孩子触手可及的地方；也可以用小水盆接好水，放在方便孩子清洗的地方，把小毛巾、香皂放在旁边。

如果水龙头是冷暖水并用的话，父母要时刻检查水温是否适宜，水温不要太低，也不要太高，和孩子的体温相近即可。

正式开始

父母要在一旁指导、做示范。首先把双手蘸湿，然后打上香皂。洗之前，可以简单地和孩子对话，问孩子："宝贝，看看你的小手，脏不脏啊？"孩子就会伸出小手看看，此时告诉孩子，"宝贝要爱干净哦，洗手就不会肚子疼，以后要经常洗手。"

洗手的时间以30秒为宜，为了让孩子耐心地洗完，在孩子洗手的时候可以和他进行简单的交流，也可以给他唱关于洗手的儿歌，这样还能增加洗手的趣味性。比如：洗小手，打肥皂，轻轻搓，起泡泡。手心手心搓一搓，十个手指搓一搓，手背交叉搓一搓，手腕转圈搓一搓。冲干净，甩一甩，比比谁的手最白。

最后，引导孩子冲掉手上的泡沫，用毛巾擦干。在孩子完成这个过程之后，要适时表扬和鼓励孩子。

平时要培养孩子便后洗手的习惯，防止因不洗手而引发的各种疾病。

漱口、刷牙

为了加强孩子的口腔保健意识，让孩子养成良好的口腔卫生习惯，减少口腔疾病，家长在孩子长出乳牙后，就应该帮助孩子进行口腔的清洁。在孩子1岁之前，家长需要用消毒棉棒或纱布蘸温水来帮孩子清除牙齿上的食物残渣，每天两次即可。孩子到了1岁左右，乳牙增多，这时应用指套牙刷，套在手指上来帮孩子做牙齿清洁。

孩子在1岁8个月左右时，一般就可以学习漱口了。此时的孩子仍然不会自己主动地做口腔清洁，父母要进行引导，充分利用孩子喜欢模仿大人的特点，每天带领孩子做漱口游戏。

准备两杯温水，孩子拿一杯，妈妈拿一杯，两人一起蹲到脸盆前，妈妈要告诉孩子"游戏开始喽"，这时妈妈喝一口水鼓起腮帮故意去逗孩子，停留一下再吐到脸盆里，然后对孩子说"轮到宝宝喽"。这样孩子因为好奇就会试着模仿，把漱口当作游戏一样，会让孩子觉得是一件很好玩的事。

一般孩子在2岁左右就可以开始刷牙了，在这之前，父母先要让孩子去熟悉刷牙工具，可以为孩子购置一些图案可爱的杯子和牙刷，在爸爸妈妈刷牙的时候，让孩子在一旁边玩边学，调动孩子对刷牙的兴趣。孩子的牙刷要选用软毛的儿童牙刷，此外，在孩子3岁前尽量不要给孩子使用牙膏。

洗脸

许多爸爸妈妈都在发愁，每次给孩子洗脸，孩子不是躲避就是哭闹，弄得跟打仗一样。那么，怎么样才能让孩子乖乖地洗脸呢？

有些孩子之所以不喜欢洗脸，是因为妈妈的洗脸方式让他们感觉不舒服。1岁的孩子面部娇嫩，如果洗脸的时候力量过大，就容易让孩子产生疼痛感，从而对洗脸产生抵触情绪。所以，父母在给孩子洗脸的时候，动作要轻柔，不能用力过猛。

有的孩子并不是不喜欢洗脸，而是在某一次接触水时，因为水太冷或太热而受了刺激，从而对洗脸产生了惧怕的感觉，所以当看到妈妈拿着热乎乎的湿毛巾时，就会做出逃避的行为。因此，给孩子洗脸时要注意水温，不能太凉也不能太热，家长要先用自己的手去试试，以接近孩子的体温为宜。在给孩子洗的时候，不要强制性地按住头就擦，可以先跟孩子互动，消除孩子对水的恐惧心理。例如，给孩子脸上扑点温热的水，还可以往孩子手上淋些水或者在水中放些小玩具，先跟孩子做做游戏。在孩子不经意的时候，轻轻擦洗孩子的手或脸，慢慢地孩子就会接受并且喜欢洗脸。

1～2岁的孩子也可进行一些洗脸的训练。洗脸的训练和洗手基本一致。父母准备好毛巾，试好水温，为孩子示范洗脸的步骤，让孩子效仿，同时要注意不能让孩子把水弄到眼睛和耳朵里，洗完后帮孩子用毛巾轻轻擦去脸上的水。

给孩子洗头

对于很多1岁孩子来说，洗头往往也成了一件很麻烦的事。大多数孩子在洗头时都会抗拒、大哭大闹，这时父母只能强行把孩子按住，匆匆了事。那么，有没有什么好的办法能使孩子乖乖地让父母给自己洗头呢？给孩子洗头应该在哪些方面加以注意呢？

（1）有些孩子在几个月的时候，既不害怕洗澡也不害怕洗头，反而到了1岁半之后，对洗头产生了强烈的抵触情绪，往往会又哭又闹。此时，父母在给孩子洗头的时候，注意手法要柔，不要让孩子感觉到不舒服。因为，这个时期的孩子，头发的生长速度会加快，头上的皮肤非常娇嫩而敏感，洗头时对头发的大力搓揉，会给孩子带来疼痛感，这样孩子就会哭闹。

（2）在给孩子洗头的时候，要转移孩子的注意力，可以给孩子讲故事，或者给孩子一个玩具，让孩子在玩耍中不知不觉地完成洗头。

（3）洗头时，让孩子面部朝上，将头放在家长的双腿上。家长扶住孩子后背，一只手托住孩子的头部，一只手蘸水把孩子的头发弄湿，将适量洗发液抹在头发上轻轻揉动，揉出沫后进行冲洗。需要注意的是，在给孩子洗头过程中，不要把水或洗发液溅入孩子的眼睛或耳内。

父母在给孩子洗头时，不要着急，要多说些鼓励与表扬的话，让孩子放轻松，慢慢地孩子就会适应，渐渐不再害怕洗头。

第八章

以运动为主的练习性游戏——

培养1岁孩子的运动能力

1岁孩子身体各器官的机能已经有了初步的发育。我们根据这个阶段孩子的发育特点，有针对性地设计了一些游戏。它们操作性强，寓教于乐，有利于提高孩子的运动素质和能力，帮助父母培养健康、聪明的全优宝宝。

关于走路的训练

刚学会走路的孩子，最喜欢做的事就是走来走去，他们的活动范围迅速扩大，也学会了去拿自己感兴趣的东西。我们不妨利用孩子这段时期喜欢走路的心理，用孩子最喜欢的游戏方式做些训练，以便帮助他们更熟练地掌握这项技能。

角色扮演游戏

选择一个宽阔的地方，妈妈在前面扮演鸭妈妈，孩子站在妈妈身后，拉着妈妈的衣服扮演鸭宝宝，"鸭妈妈"带领着"小鸭"向前走，边走边模仿鸭子"嘎嘎"的叫声。爸爸在旁边扮演农民，指挥"交通"，当他发出"呸呸"的声音，就代表发现了虫子，"鸭妈妈"和"鸭宝宝"这时就要停下，准备"大吃一顿"，吃完后发出"哗哗哗"的声音，就表示吃饱了，"鸭妈妈"和"鸭宝宝"又可以"游泳"了。

模仿此游戏，还可以代入其他的角色，比如让爸爸扮演车头，孩子扮演司机，妈妈扮演交警指挥交通，进行"汽车汽车嘀嘀嘀"的游戏。

通过玩此类游戏，孩子的下肢肌肉力量会得到很好的锻炼，身体的协调性也能得到进一步的发展，同时还能开发孩子的想象力，增进亲子感情。

取物游戏

在孩子的活动范围内放置一些玩具，妈妈示意孩子把其中一个玩具交给她，在妈妈发出指令后，孩子寻找，找到后，引导孩子向妈妈的方向走去。为了让孩子多走几步，妈妈可以后退几步，孩子如果走不稳，妈妈可以上前接住玩具。

刚学会走路的孩子普遍都有点胆怯，总喜欢抓住父母的手或别的什么东西，抱着玩具会增强孩子的安全感。这个游戏还可以扩展为让孩子帮你去取东西，如果能"帮"父母的忙，孩子也会非常高兴的。

道具游戏

将孩子喜欢的玩具作为道具，引导孩子走路。手推车就是一个不错的选择。把各种玩具放在手推车里，让孩子推着走。

拖拉玩具也能吸引孩子的注意。父母牵着能播放音乐的拖拉玩具，吸引孩子来追，孩子一定会很高兴地进行这个活动。待孩子走得更熟练后，可以角色互换，让孩子在前面牵着玩具走，父母在后面追。

很多道具都可以增加孩子对走路的兴趣。比如，在小盒子中放一些豆子或小石子，密封好之后，爸爸妈妈一人在一边拉着孩子的手，引导孩子踢着走，孩子一只脚踢，另一只脚用来保持平衡。这个游戏虽然难度大，但效果很显著。

锻炼精细动作的游戏

1岁多的孩子虽步履蹒跚，但他们会利用一切机会勇敢地去探索周围的事物，满足自己强烈的好奇心。他们喜欢一个人自由自在地玩，享受其中的快乐。这个阶段的孩子已经进入了手部敏感期，通过手的操作，他们可以直接体验物体的各种属性，手部精细动作也会得到很好的锻炼。

折纸

游戏玩法：准备几种质地、厚度不同的纸，让孩子摸一摸，感觉一下纸的质地，然后再让孩子随意地折叠。妈妈也可以给孩子示范，让孩子折出不同的造型。

游戏目的：折纸不仅可以让孩子感受不同的触感，促进触觉发育，同时还可以锻炼孩子的手部力量，促进手、眼、脑的协调和配合。

翻书游戏

游戏玩法：找一些孩子平时喜欢的图画书，爸爸或妈妈把孩子搂在怀里，一边给孩子讲解书上的故事情节，一边手把手地教孩子怎样翻书，每讲完一页，就引导孩子去翻到下一页，然后继续给孩子讲解。也可以引导孩子寻找书中的图画，例如，"小猫在哪里？""狗狗在哪里？"让孩子自己去翻书寻找。

游戏目的：锻炼孩子手指的灵活性，培养孩子对书本的兴趣，促进大脑的发育。

敲打游戏

游戏玩法：1岁孩子喜欢对物体敲敲打打，这是他们成长过程中的一种探索行为。父母可以选择空的纸盒子、玩具小铁锅、玩具鼓，让孩子去尽兴地敲打，满足孩子想敲打各种物品的心理。

游戏目的：让孩子知道，对不同物体的敲打，会发出不一样的声音，这样能提升孩子对声音的辨别能力，增强手的控制能力和大动作的协调性。

开箱子游戏

游戏玩法：准备一个带盖子的收纳盒，最好是塑料或纸制品，在里面放入几个小玩具，把盖子盖好，然后可以告诉孩子"里面有宝贝"。接着把盒子打开，让孩子把里面的小玩具取出来，反复几次，孩子就能学会自己打开盒子取玩具。

游戏目的：在模仿的过程中培养孩子的判断能力，进一步加强对手的操控能力，同时促进智力的发育。

1岁3个月：扶着孩子下楼梯/玩滑梯/向后走

扶着孩子下楼梯

楼梯对孩子来说是个充满诱惑力的地方，习惯了在平地上走路的1岁孩子此时还不能熟练地下楼梯，所以需要家长来帮助孩子练习。

在训练下楼梯的时候，家长要扶着孩子，先让孩子把一只脚踩到下面的台阶上，然后再让孩子把另一只脚也向下迈去，让双脚踩到同一级台阶上，等孩子站稳后，继续向下一级台阶迈步。等孩子在父母的帮助下熟悉了下楼梯的方法后，就可以由父母牵着孩子的一只手，让孩子的另一只手扶住楼梯的扶栏，然后按照以上的方法来进行下楼梯的练习。

需要注意的是，练习的时间不宜太长。孩子还太小，腿部力量不足，不适合长时间锻炼，每天练习一两次为宜，随着孩子的熟练程度加深，可以稍稍增加训练时间或次数。

这种训练能锻炼孩子的运动能力，增强孩子的平衡能力。

玩滑梯

玩滑梯是一项训练综合能力的活动，而且具有很强的娱乐性，爸爸妈妈可以带孩子到一些儿童游乐场或者小公园里进行这项活动。

而一些大型滑梯结构比较复杂，最初应该由父母抱着孩子坐在滑梯上，双手扶住孩子的双臂往下滑，反复多次后，孩子就会熟悉并且喜欢上这种玩法，然后就可以把他单独放到滑梯上，由爸爸在旁护着，妈妈在滑梯下面接着，让孩子自由地滑下来。

向后走

对成年人来说，向后走是一种非常好的健身方法。而对 1～2 岁的孩子来说，也可以采用这种方法来强化自身的感知，让他们身体的平衡能力与协调能力得到锻炼。

在屋子的一边放一堆小玩具，让孩子用可以拖拉的玩具车装载几个小玩具，拉着玩具车倒着走到另一边，然后把玩具取出、放下，反复训练。妈妈可以站在孩子的背后，让孩子去拿指定的玩具，倒着走到妈妈面前，然后把玩具交给妈妈。在孩子向后走的时候，妈妈可以故意转换方向，并且说"妈妈在这里呢"，让孩子在不用眼睛看的情况下感知妈妈的方向。

1岁半以后：交替足上下楼梯/面对面玩滚球

交替足上下楼梯

孩子1岁半的时候，在平地上走路已经相对熟练了，在控制身体的平衡方面也有了一定的进步。这时就可以对孩子在上下楼梯方面做进一步的训练了。

首先练习交替足上楼梯。家长要扶着孩子的双臂，让孩子先把一只脚踏上第一级台阶，站稳后，再抬起另一只脚，越过前脚踩到第二级台阶上，接着等第二级台阶上的脚站稳，把另一只脚迈上第三级台阶，这样交替进行练习。在大幅度的跨步练习中，让孩子注意保持身体的平衡。等熟悉以后，让孩子扶住楼梯扶手独自进行锻炼。通过这样的训练，可以让孩子腿部肌肉更有力，身体的平衡性更好。

在练习下楼梯的时候，大人扶住孩子，使孩子的双脚交替迈步，方法与上楼梯相同，注意每次落下去的脚要站稳，并且保持好身体的平衡。等孩子熟悉了，就可以让他自己扶着楼梯扶手练习了。在进行下楼梯练习的时候，父母要在旁边看护，以防孩子不慎摔倒。每次训练时间不可太长，感觉孩子累了就可以休息。

面对面玩滚球

父母和孩子做一些滚球的互动游戏，可以锻炼孩子上肢肌肉的力量，增强手臂的灵活性。

父母坐在孩子的对面，与孩子相隔一定的距离（刚开始玩的时候距离要近点），然后找一个稍大一点的皮球，推动皮球，让皮球滚到孩子的手边，再引导孩子把球推向大人。就这样反复练习，玩的人越多，孩子的兴致就会越高。

1岁半以后：学跑/走斜坡

学跑

1岁半的孩子已经能走得很稳了，这时可以开始学习跑步。刚开始学习跑步时，孩子还不熟悉身体的惯性，对平衡力也掌握不好，所以要由家长辅助进行练习。

妈妈与孩子面对面站立，抓住孩子的双手，接着妈妈开始快速向后退，让孩子在妈妈的辅助下学会跑。熟悉以后，再由妈妈牵着孩子的一只手，向前带着孩子做跑步练习。需要注意的是，妈妈在牵孩子手的时候，用力要轻，尽量让孩子自己控制身体平衡。在经过一段时间的练习后，妈妈就可以放开手让孩子自行练习了。

需要注意的是，练习的场地要平坦，地上不能有杂物，还要防止孩子摔倒。此外，父母还可以用做游戏的方式来让孩子进行跑步练习，这样可以增加练习的娱乐性，让孩子跑得高兴，玩得快乐。

走斜坡

上下斜坡的行走练习，可以很好地锻炼孩子的身体平衡能力，也能让孩子对腿部关节肌肉的控制能力得到一定的训练。

在游戏的时候，要选取15度左右的斜坡，也可以用木板把一头垫高，具体大小以适合孩子行走为佳。在上坡的时候，父母要在后面扶着孩子，必要的时候可以推着孩子向上行走。在下坡的时候，父母可站在孩子的前面，扶着孩子的双手，倒退着向下行走，这样可以让孩子很快地掌握上下坡的方法。

在父母的帮助下熟悉上下坡动作后，孩子就可以独自进行练习了，不过仍然需要家长在一旁看护着，防止摔倒。多次练习后，还可以让孩子双手各拿一个同样重量的玩具，增加难度后再进行练习。

踩线——增强动作协调性和平衡能力

游戏玩法：首先，在地上画一条直线，妈妈沿着直线往前走，然后让孩子效仿，比比谁走得"稳"。也可以在室外画一条较长的直线，然后由妈妈带领孩子用快走或跑的方式练习。等孩子走得熟练以后，可以在地上画一个大圆圈，带着孩子沿圆圈走。注意在练习的时候，要先简单后复杂，一步一步来，每次时间不宜太长。

游戏目的：通过逐步增加游戏的难度，提高孩子的身体协调能力和平衡性。

踩影子——提高动作的灵活性和协调性

游戏玩法：在天气晴朗的日子里，带孩子去公园，选择一处宽敞平整的场地，最好是柔软的草地或者沙地，这样即使孩子不慎摔倒也不会受伤。爸爸妈妈要跟孩子一起玩，在太阳的照射下，地上会有大人和孩子的影子，爸爸妈妈追着孩子的影子踩，也可以让孩子踩爸爸妈妈的影子，爸爸妈妈慢慢变换方向跑动，让孩子追着影子跑。玩上一会儿，爸爸妈妈可以躲到树荫下，让孩子休息一会儿。休息好了，爸爸妈妈再跑出来，告诉孩子"影子出来了"，让孩子继续追着影子跑。

游戏目的：锻炼孩子的大运动能力，提高动作的灵活性，增加孩子对运动游戏的兴趣。

这个游戏也可以在家里玩，在玩的时候注意孩子的安全，房间要足够宽敞，地上不要有绊脚的杂物，防止孩子撞到桌子或墙上。

荡秋千——锻炼四肢和膝关节

荡秋千是幼儿非常喜欢玩的娱乐活动，但对于1岁多的孩子，能不能玩荡秋千，要看孩子的身体发育情况。如果孩子大运动能力较强，并且身体的灵活性也不错，那么可以在家长的保护下玩。

游戏玩法：选择游乐场中的小型秋千架，家长把孩子放上去，让孩子用双手抓住两边，坐稳当，然后家长可以轻轻前后摇动秋千。要注意晃动的幅度不要太大，让孩子有个适应的过程，如果孩子没有感觉到不适，那么可以适当加大动作幅度。家长在让孩子尽情游戏的同时，要注意孩子的安全，做好防护措施。

游戏目的：荡秋千可以很好地锻炼孩子身体的协调性，促进大脑的发育。

抓握、捡拾物品——增强手眼协调能力

游戏玩法：妈妈和孩子每人拿一个玩具碗，再准备一个盘子，在盘子里放些黄豆和绿豆，然后妈妈就可以跟孩子一起做游戏了。妈妈从盘子里取一颗黄豆放进手中的碗里，然后让孩子从盘子里取一颗绿豆放进自己的碗里，等盘子里的黄豆和绿豆都被取完时，可以让孩子跟妈妈比比谁的碗里豆子多。游戏过程中，注意别让孩子把豆子吃到嘴里或放入鼻孔。

游戏目的：这个游戏可以很好地锻炼孩子对细小物品的抓握能力，能提高孩子的精细动作能力和手眼协调能力。同时还可以培养孩子对物体的大小和数量的认知，提高对事物的分辨能力，促进智力的发展。

第九章

手的技巧和大脑发育训练游戏——
培养1岁孩子的智力

俗语说：心灵手巧。一个内心充满智慧的人，他的动手能力一定非常强。通过动手游戏，促进大脑发育，能让孩子更聪明。

从无意识的抓握发展到能用拇指、食指和中指捏起细小的物品，再到能握住杯子、勺子，这实在是个不小的进步。手指是"智慧的前哨"，只有"手巧"才能"心灵"，这是因为大脑中很多细胞专门处理手部的感觉和运动信息。手的动作特别是手指部分的动作能在大脑皮层建立更多的神经关联，动作越复杂、越精巧，大脑之间的神经关联就越频繁，孩子也越聪明。本章训练手的技巧游戏是根据1~2岁孩子的发育程度编排的，家长可以根据孩子的个体差异做适当的调整运用。

手的技巧：配上大小瓶盖/投硬币进存钱盒/第一幅拼图

配上大小瓶盖

游戏玩法：父母准备3个大小不等的瓶子，把盖子拧开，给孩子展示，让孩子摸摸、看看，然后把它们随意地放在桌子上，让孩子找合适的盖子。有的孩子只需目测就可估量出来，有的孩子则需要花费较多的时间尝试。暂时不用要求孩子将瓶盖拧紧，经过目测和动手，多数孩子会总结出瓶盖与瓶子之间的联系。

游戏目的：拿起瓶盖需要拇指和食指的配合，强化了孩子手部的灵活性，使孩子认识了大和小，还学会了比较。另外，和父母的互动配合，增加了孩子的愉悦感。

投硬币进存钱盒

游戏玩法：准备一个造型可爱的卡通存钱盒，最好是塑料或木材等不易碎的材料，还容易取出硬币的；然后，准备几枚干净的硬币放在桌子上。

父母把硬币拿起来，投入存钱盒里，这时，孩子会发现硬币不见了（给孩子看空的掌心）。再用手摇摇盒子，让里面的硬币发出声音，然后打开存钱盒，取走硬币，然后把硬币给孩子，示意孩子把它投入盒中。

游戏目的：让孩子学会抓住硬币，并准确地投入存钱盒的窄缝里，能锻炼孩子的手指活动能力和手眼的协调性，促进孩子的智力发育。

第一幅拼图

游戏玩法：很多拼图会清晰标示适合多大的孩子玩。1岁孩子玩的拼图以两三块为宜，小块的纸板拼图不适合幼儿，随着年龄的增加，父母可以根据孩子的接受程度增加拼图的块数。爸爸妈妈可以坐在旁边帮助孩子，逐步把打乱的图形组合在一起，成为一幅完整的画面。一边玩一边用语言启发孩子："看，宝贝手里的拼图是什么颜色？和哪的颜色一样呢？""不对吗？那就换另一块！"

游戏目的：锻炼手部活动能力，认识上、下、左、右，培养孩子的耐性、观察力以及对画面整体的联想能力。

手的技巧：形穴拼图/用玩具钥匙开锁/撕纸游戏

形穴拼图

游戏玩法：选择木制或塑料材质的形穴拼图，1岁孩子玩的以圆形和方形拼图为主。父母可以在孩子的旁边，先让孩子试着自己玩。你可以将物体的特征告诉孩子，然后给他示范如何进行正确的匹配，方形的放进方形的洞里，圆形的放进圆形的洞里。在孩子做对了的时候，给予一些鼓励："宝贝，对，把这块放进去！"孩子会高兴地接受你的引导，你赞许的语言和手势也会增强孩子的信心。

也可自制类似的道具。取一张四方形的硬纸板，在上面刻出长方形、三角形、菱形、圆形等基本的几何图案，把刻下的纸板给孩子，然后让孩子把这些图案放进相对应的空缺处。

游戏目的：孩子手部的运动能力得到强化，孩子对形状有了进一步的认识。在考虑怎样进行匹配的过程中，还锻炼了孩子的思考能力。

用玩具钥匙开锁

游戏玩法：买一把玩具锁，大一些的最好，便于孩子操作。家长拿着锁，让孩子拿着钥匙，鼓励他用钥匙开锁。当孩子把钥匙插入锁孔的同时，家长辅助孩子把锁打开。因为1岁的孩子并不能真正地打开锁，这个动作对于他还是很有难度的，当"开锁"成功时孩子会非常高兴，并理解钥匙与锁的关系。

游戏目的：训练手眼协调能力，练习食指、拇指的操作能力，理解因果关系。

撕纸游戏

游戏玩法：给孩子准备一些干净的纸，可以是书信纸、A4纸，也可以是五颜六色的彩纸。父母要检查纸张是否安全、卫生。在孩子撕纸的时候，提醒他双手配合发力。如果孩子动作不标准，大人可以先给孩子做示范。等孩子熟练了撕纸之后，大人可以和孩子比赛撕纸，用同样大小的纸张，看谁在最短的时间内撕得最碎。这样可以更好地激发孩子的撕纸兴趣。

游戏目的：提高孩子手、眼、脑的协调配合能力，激发孩子的想象力。

手的技巧：学数手指/画点和线

学数手指

游戏玩法：爸爸妈妈依次伸出自己的手指，从1数到5，分别对应的是食指、中指、无名指、小拇指、大拇指，反复数次。然后开始数孩子的手指，帮助孩子展开对应的手指，直到孩子熟练到自己一边数一边可以配合地伸出相应的手指。大约1岁7个月的孩子可以开始玩这个游戏。

游戏目的：使孩子初步接触数字，边数边伸手指的动作锻炼了手和脑的配合以及思维的敏捷度。

画点和线

游戏玩法：给孩子一支中性马克笔或蜡笔、一张A4大小的纸。家长先画，相信很快就会引发孩子的好奇心，这时先不要管孩子握笔的方式，只要他有画的兴趣即可，然后和孩子一起在上面画点和线，你先画一个点，等孩子学会之后，再画一条线，让孩子效仿。

父母可以画一条鱼，但是不画眼睛，让孩子用笔给小鱼点上眼睛；还可以画一个圆饼，让孩子给圆饼点上一粒粒的"芝麻"。

游戏目的：握笔的动作能培养孩子手部的抓握能力，对图形的临摹可以训练孩子的观察力和手部动作的准确性。

手的技巧：用积木搭楼或火车/套叠游戏/认颜色

用积木搭楼或火车

游戏玩法：爸爸妈妈和孩子对坐，同时用方形积木搭楼。给孩子示范如何搭建，强调把积木放稳，对齐边角，放好一块再把另一块放上去。还可以把积木横着摆放在桌子上，组合成各种交通工具，比如火车等。最后，在"火车"上放一个小动物形状的玩具，并且模拟火车行进的声音，可以对孩子说："宝贝快看，小火车载着小动物开走啦。"

游戏目的：锻炼手部的抓握能力，加强孩子对空间的感知。高的楼房让孩子萌发的空间感得到强化，而积木组成的交通工具则开发了孩子的想象力。

套叠游戏

游戏玩法：准备套碗数个，根据孩子的接受能力，一开始可以选择大、中、小3个套碗，随着孩子年龄的增长和熟练度的提高，套碗的数量可以随之增加。最大的放在最下面，然后按大小顺序摞起来。孩子要经过多次独自操作，最后才能让它们依次地套起来。套叠玩具品种很多，包括套筒、套塔和套锁链等。

游戏目的：锻炼腕部关节力量，手脑并用，开发智力，促进孩子对大小的认知，形成基本的顺序概念，同时培养孩子的观察力和专注力。

认颜色

游戏玩法：和孩子一起搭积木，要求孩子拿红色的积木给你；把不同颜色的塑料圆球放在一个容器里，要求孩子把蓝色的球取出来给你。

游戏目的：认识几种颜色，提升手脑的协调能力。

手的技巧：穿珠子/分类游戏/手指操

穿珠子

游戏玩法：准备一些大的套环、小段的塑料管、珠子、鞋带或者软绳。孩子年龄还小，因此要选择大一些的套环。示范给孩子看如何把套环穿在绳子上，关键是要把穿入的绳头从套环的另一端拉出来，让孩子照着做。等孩子动作熟练以后，再练习用更细一点的绳子穿小段的塑料管，最后再学穿珠子。穿珠子这种游戏对精细动作的要求更高。刚开始爸爸妈妈可以拿着珠子辅助孩子穿过去，等孩子熟练之后，再让他独立完成全部动作。

游戏目的：加强孩子手指精细动作的练习，同时培养孩子的耐心及手、脑、眼的协调能力。

分类游戏

游戏玩法：家中很多不同形状和体积的物品都可以用来做道具，比如毛巾、袜子、玩具、书等等。确立一些分类标准：按大小，可以让孩子把大的毛巾放在一堆，小的毛巾放在另一堆；按颜色，把黑色的袜子放在一堆，白色的袜子放在另一堆；按形状，圆形的放在一堆，其他的放在另一堆。

游戏目的：加强孩子手部动作的灵活性，初步培养孩子的分类意识。

手指操

游戏玩法：家长伸出食指，对孩子说"一根手指头呀，变成毛毛虫呀"，同时用食指模仿毛毛虫蠕动的动作。随后，家长伸出每只手的食指和中指，说"两根手指头呀，变成小白兔呀"，同时放在头两边模仿小白兔的耳朵。然后，家长伸出每只手的食指、中指和无名指，并说"三根手指头呀，变成小猫咪呀"，把手指放在嘴巴两边当小猫的胡须。接着，家长将双手的大拇指弯曲，其他手指伸展放在身体两边，模仿螃蟹横着走路的样子，说"四根手指头呀，变成螃蟹走呀"。最后，家长伸展每只手的五根手指，并拢起来，一边说"五根手指头呀，变成蝴蝶飞呀"，一边做上下翻飞的动作。

　　游戏目的：手指操是训练孩子手指动作最便捷且最受孩子欢迎的游戏之一，它不需要道具，只要几段歌谣，就能极好地锻炼孩子手指的活动能力和应变能力。此外，爸爸妈妈丰富的表情、充满节奏感的语言会令孩子十分开心和投入。

　　手指操有很多种，爸爸妈妈们平时不妨留心搜集一下。

第十章

1岁孩子发音、语言能力的训练游戏——

培养孩子的对话能力

吐字是否清晰、普通话是否标准，往往代表了一个人的受教育程度的高低。在孩子的启蒙教育中，语言的教育不容忽视，一定要为孩子提供良好的语言环境和训练方法。

清楚且准确的发音训练

清楚且准确的发音对于语言表达是非常重要的。为了让1岁的孩子打好语言基础，爸爸妈妈要把清楚且准确的发音训练贯穿于孩子的语言学习中。

示范

1岁的孩子有喜欢模仿的特点，爸爸妈妈在教孩子学说话的时候要做好示范，这是帮助孩子掌握正确发音的关键。首先父母要坚持说普通话，然后配合发音，通过让孩子看口形，详细地给孩子讲解，让孩子感知发音的微小差异。

正音

经过练习之后，孩子能掌握一些基本发音了，这时，如果孩子还有些音发得不标准，就要进行适当的纠正，也包括纠正孩子的"儿语"。由于孩子的发音器官还没有发育成熟，听音能力还不够完善，出现不正确的发音是正常的，大人在纠正时不要过于强制，否则容易打击孩子学说话的积极性。

发音训练最好结合孩子的心理特点。日常生活中，选择孩子喜欢的方式进行，比如讲故事、唱儿歌、做游戏等，只有让发音训练变得有趣、生动，才能调动孩子说话的积极性，为孩子的语言表达打下一个坚实的基础。

13个月：单字句/沉默期/理解反应

单字句

13个月大的孩子通常只会说一些单字，这些单字有名词也有动词，如"奶"表示"我要喝奶"，"面"表示"我要吃面"等。你会经常看到他们比比画画，想说又说不出来的样子，这表示孩子有说话的愿望了。如果孩子表达不准确，爸爸妈妈就要细心观察孩子的表情、动作，帮助孩子表达自己的想法，然后把所说的关键词重复几次，让孩子学着发音并记住。

沉默期

学会叫"爸爸妈妈"还有其他一些单字后，孩子会变得不像以前那么喜欢"说话"，通常比较安静沉默，这个时期被称为"沉默期"。沉默期的长短因孩子的个性差异而有所不同，有的孩子很快就过去了，有的孩子则"沉默"得相对久一些。不过，这期间的孩子通常可以听得懂爸爸妈妈的话，还会指东西，拿东西。之所以会出现这种现象，可能是因为孩子正处于学步期，注意力集中在学习如何走路上，无暇顾及语言的表达，他们能走稳后才把重心转移到说话上。这个时期的孩子通常以"听"为主，处于接收外界"输入"的状态，只有"输入"得多了，才能"输出"。

理解反应

理解反应体现在两个方面：（1）在爸爸妈妈讲话的时候，孩子会注意听，并且使用点头、摇头等肢体语言。（2）孩子能听懂爸爸妈妈的话，并且可以照着做。比如，帮妈妈取物，听妈妈的话等在原地，以及听各种简单的指令等。只要孩子出现了理解反应，父母就不必担心孩子说话慢的现象。

14个月：用单音节说物名/儿歌填字/重叠音

用单音节说物名

游戏玩法：模拟"探索世界"的情景，带着孩子一起对家里的东西进行"探索"。为了让孩子对这一行动产生兴趣，不妨用夸张的语言和兴奋的表情对孩子说一些有感染力的话，如：我们去儿童乐园喽！

游戏目的：通过这个游戏让孩子对周围环境和事物有初步的认识，尤其是那些孩子经常见却叫不出名字的事物。玩具类的如车、球、娃娃、鼓、电子琴、积木等；日常生活用品，如盆、板凳、杯子等；自然界的动植物，如花、鸟、树、草、猫、狗等；自己的衣服，如帽子、裤子、袜子等。虽然孩子会说的话比以前多了，但还是有很多事物孩子说不出名称。这个时候，爸爸妈妈要根据孩子的兴趣，说出孩子想知道的事物的名称，还可以对物品进行指认，教孩子说出它们的名称来。

儿歌填字

游戏玩法：妈妈坐在孩子对面，表情丰富、语气生动地给孩子念一首简单的儿歌，反复几次，确定孩子熟悉了就开始和他进行"填字"游戏。比如：小宝宝，起得早，睁开眼，眯眯笑，咿呀呀，学说话，伸伸手，要人抱！在念到每半句的最后一个字时就停顿，让孩子自己说出来。

游戏目的：培养孩子学习语言的兴趣，培养孩子的记忆力和单字发音的能力。

重叠音

游戏玩法：通常14个月的孩子喜欢用叠音表达自己的意愿，如把汽车说成"嘀嘀"，把帽子说成"帽帽"，这种表达方式被称为"儿语"。父母可以用自问自答的方法，如："小猫怎么叫？喵喵喵。""小鸡怎么叫？叽叽叽。""小羊怎么叫，咩咩咩。""老牛怎么叫？哞哞哞。"配合夸张的表情和动作，孩子会非常有兴趣参与进来，并模仿你的发音和动作。

游戏目的：利用孩子的表达习惯让孩子多进行一些发音练习，提高孩子的语言兴趣。要注意的是，父母在日常的生活中，要尽量避免用儿语和孩子交流。不过不必禁止孩子说叠字，否则会影响孩子说话的积极性。

15个月：让孩子模仿你的发音/家庭用品的发音练习

让孩子模仿你的发音

你可以做出一些动作，使它发出不同的声音，让孩子根据声音判断你的动作，并做出和你相同的动作、发出相同的声音。比如，你可以做拍手、跺脚、齐步走的动作，让孩子效仿。你也可以模仿一些小动物的声音，比如"汪汪""喵喵"，然后让孩子模仿你的发音。

这个游戏主要是锻炼孩子听力的准确度，并让孩子学会根据听到的声音模仿发音，从而锻炼他们的语言表达能力。

家庭用品的发音练习

每一个孩子的语言表达能力都与他成长的环境息息相关，他会根据自己看到的事物、听到的语言来丰富自己的词汇，积累语言表达的经验。其实，让孩子练习发音的最好道具就是我们每天面对的家庭用品，比如桌子、凳子、床、门等。

一到2岁是孩子学习发音的最佳时期。在这一关键的时间段，我们要为孩子营造一种良好的成长环境，使孩子在自然的环境中学习并积累大量的词语。孩子学习词汇的过程大致可以划分为三个时期：命名期、识别期和发音期。

命名期：父母让孩子了解并熟悉常见物品的名称。比如，你可以走到窗户的旁边，指着窗户告诉孩子："这是窗户。"这种方式可以使孩子逐步熟悉身边的每一种物品，并记住它们的名称。

识别期：给出不同的物品，让孩子根据自己的辨别能力来识别不同的物品。比如，你可以告诉孩子："帮我把凳子拿过来，去打开门。"

发音期：根据实物正确清晰地说出它的名称。比如，你可以指着一扇门问孩子："这是什么？"孩子就会告诉你："这是门。"

学习语言最好的方法就是让孩子认识并学习身边最常见和经常使用的物品，让孩子用心观察生活中的事物，并准确无误地说出它们的名称，这是孩子学习语言最快捷、最有效的方法。

16个月：背一句儿歌/哼哼短曲

背一句儿歌

游戏玩法：妈妈找几首简单易学的儿歌，最好结合孩子的生活，比如带着孩子出去玩，妈妈说："大汽车，嘀嘀嘀，接着阿姨上班去。"妈妈和孩子一起走路时说："一二，一二，迈大步。"孩子慢慢地就会形成条件反射，一走路就想起这句儿歌。妈妈和孩子玩球时可以说："小皮球，真淘气，拍一拍，跳一跳。"有时，孩子还会边说歌词，边做出很多动作，如拍拍手、摇摇头等，充满稚气的语言和动作，常常会令父母忍俊不禁。

游戏目的：儿歌会让孩子感受到韵律的美感，使孩子对背诵产生兴趣，养成按顺序记忆的习惯。

哼哼短曲

游戏玩法：1岁的孩子听到电视、电脑里的音乐旋律时，就会马上寻找声源，然后跟着音乐哼哼起来。这时，父母可以有意识地给孩子哼短曲，如"小兔子乖乖，把门开开""一闪一闪亮晶晶，满天都是小星星"等耳熟能详的歌曲。等孩子熟悉之后，当家长唱出前半句时，他便会跟着唱出后半句。

游戏目的：促进孩子语言能力的发展，训练孩子的听力，培养孩子对音乐的兴趣。

17个月：背诵几句儿歌/玩娃娃、说短语

背诵几句儿歌

游戏玩法：在日常生活中，父母可以随时让孩子练习儿歌。早上孩子睡醒了，睁开眼睛，妈妈说："太阳公公起得早，一二一二做早操。"或者温柔地牵着孩子的手说："宝宝你早，宝宝你早，我们问个早，我们抱一抱。"同时配合抱一抱的动作。入睡时，妈妈说："天黑啦，夜深啦，月亮

睡觉啦，星星睡觉啦，宝宝也该睡觉啦。"儿歌不用太多，重点在于简单、易学，当孩子学会一首儿歌后，妈妈可以和孩子玩儿歌接龙，妈妈说上句，孩子说下句，不会说的，妈妈补充。

游戏目的：通过对儿歌的记忆背诵，强化孩子的语言能力，培养孩子的记忆力。

玩娃娃、说短语

游戏玩法：准备布娃娃、小床、小被子等，父母和孩子一起玩给娃娃穿衣、喂饭的游戏。可以以时间为顺序。当孩子起床时，妈妈可以说"喔喔喔，公鸡叫，娃娃要起床"。这时妈妈要和孩子一起给娃娃穿衣服，边穿边说："乖娃娃，穿衣服，漂漂亮亮真可爱。"然后，家长又说："乖娃娃、娃娃乖，不哭也不闹，来把饭儿吃。"

在游戏中可以用提问的方式来启发孩子思考，如："宝宝快看，娃娃哭了，她是不是饿了呀？"然后说："噢，原来是娃娃饿了，我们来给娃娃喂饭吧。"

游戏目的：教孩子学说短语，培养孩子的想象力和关心他人的良好品质。

1岁半以后：打电话/介绍家庭相册中的人物

打电话

游戏玩法：准备两个玩具电话机或者用纸杯自制的电话机。妈妈拿起其中一个自制电话说"丁零零，纸杯电话响丁零"，接着示意让孩子拿起另一个"电话"，妈妈问："喂，喂……"因为经常看爸爸妈妈接电话，孩子也一定会学大人的样子把电话放在耳边，说"喂，喂，妈妈"。妈妈问："是宝贝吗？"孩子回答："是。"妈妈说："妈妈要给宝贝买好东西吃，你想吃什么啊？"或者说"宝贝今天开心吗？玩具好玩吗？"等等。孩子会说的话不多，不过，因为是接电话，他说话的积极性也会被调动起来，促使孩子说出简单的句子，如"喂，你好！""喂，你找谁呀？""妈妈上班了"

等等。

游戏目的：鼓励孩子学会简单对话，促进语言能力的发展。

介绍家庭相册中的人物

游戏玩法：这个阶段的孩子很喜欢在相册里辨认家庭成员。打开相册，让孩子随意地翻看，并向孩子介绍相片里的家庭成员。孩子一般会首先认出爸爸妈妈，所以可以先给孩子介绍他最感兴趣的人，比如"爸爸是设计师，设计好看的大楼；妈妈是护士，照顾病人；爷爷是医生，给人看病；奶奶是会计；叔叔是大学生"等。

游戏目的：孩子在看电视时经常听到一些名词，这些名词和亲人联系在一起，就会加深印象，如医生、售货员等，如果孩子在电视上看到这些形象，就会联想到自己的亲人。

第十一章

认知能力游戏训练——
让1岁孩子正确认识自己

孩子对这个世界的了解，是从认识他们身边的一切事物开始的，而游戏是孩子最喜欢的娱乐和学习方式之一。带着你的孩子一起游戏吧，这是他们认识自己、认识世界的起点。

认识自己的身体部位

在教孩子识别自己的身体部位时，可以分为不同的阶段，比如，你可以让孩子先识别五官，然后再识别四肢等其他部位。

游戏玩法：你可以和孩子面对面地坐着，并指着自己的鼻子告诉孩子："这是鼻子。"然后把孩子的小手放在他自己"鼻子"的部位，并告诉孩子："这是宝宝的鼻子。"多次重复"鼻子、鼻子、鼻子"，以加深孩子对这一器官的印象。然后和孩子一起来到镜子前面，对孩子提问："你看镜子里有一个娃娃，你能不能找到镜子里娃娃的小鼻子？"这时，孩子就会兴奋地指着镜子中自己的鼻子。你要让孩子多次重复同一个动作，直到孩子真正记住了"鼻子"这一器官。随后，你再以同样的方法让孩子识别眼睛、耳朵、嘴巴等。

等孩子认识自己的五官后，你可以让孩子和你一起玩寻找五官的小游戏。比如：你说出"眼睛"，让孩子按照你的指令指出自己的眼睛；你说"耳朵"，让孩子指向耳朵的位置……让孩子以这种方式和你做游戏，很快孩子就会准确地记住五官的名称，并记住它们各自的位置。

随着孩子记忆力的增强，也可以告诉孩子每个手指的名称，让孩子按顺序说出拇指、食指、中指、无名指、小指，也可以让孩子根据音乐节奏玩"拍拍手""跺跺脚"等运动小游戏。

游戏目的：这些训练不仅能使孩子认识自身的一些器官，同时也会增强孩子的自我意识。

13个月：认识正方形/配对/分清多少

认识正方形

游戏玩法：妈妈从孩子的积木里拿出正方形，告诉孩子"这是正方形"，然后把找出的正方形积木放回积木堆里，对孩子说："你看，正方形不见了，它躲起来了，帮妈妈找找好不好？"当孩子从积木里把正方形找出来时，妈妈要亲亲孩子，夸奖他"真棒"！

游戏目的：提升孩子的认知能力，培养孩子的观察力，此外，在找图形的过程中还能锻炼孩子的耐性和手眼协调能力。

配对

游戏玩法：准备一些香蕉和苹果，两个果盘。爸爸或妈妈先做示范，把一个香蕉放在一个果盘里，再拿出一个苹果放在另一个果盘里，然后对孩子说："宝贝和妈妈一起把香蕉宝宝送回家，再把苹果宝宝送回家。"接下来，引导孩子把香蕉放在装香蕉的果盘里，把苹果放在装苹果的果盘里。如果孩子把水果放对了，可以亲亲孩子，让他挑选自己想吃的水果，以示奖励。

游戏目的：帮助孩子区分物品的特征，增强对物品进行分类的能力，促进思维和智力的发展。

分清多少

游戏玩法：妈妈把4个玩具娃娃一边放1个，一边放3个，看看孩子是否知道哪边多哪边少。如果孩子指着3个的那一边说"多"，妈妈就从多的一边拿走两个娃娃，使两边一样多，再问孩子"哪边多"，这时孩子可能就不明白了，妈妈可以告诉孩子"一样多"。

游戏目的：帮助孩子初步了解数量，知道"多"和"少"的概念。

14个月：称呼生人/分方圆

称呼生人

游戏玩法：带孩子去公园里玩，如果遇见老人就告诉孩子"这是爷爷""这是奶奶"，遇到中年人，告诉孩子"这是阿姨""这是叔叔"，遇见比孩子大的小朋友，可以告诉孩子"这是哥哥""这是姐姐"。并且告诉孩子他们的外貌特征，如"老爷爷的头发是白色的"等。最好经常在人多的地方训练孩子，次数多了，就问孩子："这是谁啊？宝宝要叫什么？"孩子会观察，如果不知道，妈妈要提醒孩子看这个人的外貌特征，用手比画提示孩子，比如指一指头发。孩子若意会到爷爷的头发是白色的，会叫出"爷爷"。

游戏目的：帮助孩子对不同身份的人有更多的认知，培养孩子的观察力。

分方圆

游戏玩法：用同种颜色的纸板剪成两套图形，一套为圆形，一套为正方形。爸爸妈妈分别拿几个方形的和几个圆形的，再分给孩子一些。把方的和圆的纸板比一比，再让孩子指认，哪个是正方形，哪个是圆形。

游戏目的：教1岁的孩子认识基本的图形。父母的期望值要降低，毕竟孩子还小，只需让孩子对图形有初步印象和了解即可。

15个月：认识动物的特点/认识黑色和白色

认识动物的特点

游戏玩法：妈妈准备一些画有小动物的卡片或小动物玩具。先取一张卡片，通过模仿动物的叫声来吸引孩子的注意，例如，拿出画有小狗的卡片，妈妈可以学小狗"汪汪汪"的叫声。接着告诉孩子动物的名称和特点，也可以编一些顺口的儿歌来教孩子认识小动物的特征。例如，妈妈可以让孩子看着卡片，然后说"小狗小狗，汪汪汪；小猫小猫，喵喵喵；小鸟小鸟，飞飞飞"。还可以配合一些动作来加深孩子的印象，在孩子熟悉以后，妈妈可以让孩子看着卡片模仿动物的叫声或动作。

游戏目的：帮助孩子识别一些小动物的特性，加强孩子对事物的理解能力，锻炼孩子的想象力和创造力。

认识黑色和白色

游戏玩法：妈妈拿出两顶帽子放在床上，对孩子说："宝贝，把那顶黑帽子拿过来。"一边说一边向孩子指认。当孩子取到正确的帽子时，妈妈要亲亲孩子，孩子会在这种愉快的氛围下记住黑色。然后妈妈拿出其他黑色的东西，如发夹、皮包、手机，对孩子说"这些都是黑色的"，孩子会观察并加深记忆。教孩子指认白色时也可以使用相同的方法。

游戏目的：让孩子学会辨认颜色，训练孩子的观察力，提高对事物的认知能力。

16个月：摆圆形/认识天气

摆圆形

游戏玩法：家长准备一块硬纸板，在纸板的中间画一个圆，然后把这个圆用裁纸刀裁下来，并在圆形纸板上涂上红色，最后再把这个圆形纸板分成两个半圆，一个简单的拼图玩具就做好了。接下来让孩子试着把两个半圆形的纸板分别放入圆洞中，家长可以先做一次，然后再引导孩子去模仿。

游戏目的：提高孩子对图形的认知和观察能力。

认识天气

游戏玩法：爸爸妈妈带领孩子到室外，根据不同的气象来让孩子对天气有个初步的认识。在天气晴朗时，可以带孩子认识天空、太阳和白云；在阴天的时候要告诉孩子"太阳藏起来了"，让孩子对天气变化有初步的印象。

游戏目的：让孩子对天气变化有个简单的认识，培养孩子对自然环境的感知能力。

17个月：认识数字和汉字/玩水游戏

认识数字和汉字

游戏玩法：爸爸妈妈准备一些识字卡片，其中包括数字和简单的汉字。在教孩子识字的过程中，要结合一些互动游戏来引导孩子记忆。例如，在教孩子认识数字的时候，家长先拿出印有数字"1"的卡片，然后教孩子念，接着让孩子伸出1根手指，念"2"的时候则让孩子伸出两根手指。也可以让孩子念，然后家长配合做动作。在学习汉字的时候，可以把几张卡片让孩子拿好，然后让孩子从中抽出一张给妈妈，妈妈再把卡片上的字读出来，接着让孩子也模仿着读一次，再让孩子抽一张卡片给爸爸，让爸爸把卡片上面的字读出来，孩子照样再模仿一次。经过这样反复的练习，就可以让孩子记住一些基本的数字与汉字了。

游戏目的：培养孩子的观察理解能力，让孩子对数字和文字有一个简单的认识。

玩水游戏

这种游戏最好是在孩子洗澡的时候进行。父母要为孩子准备一些形状、大小不同的容器和一些皮球、塑料球、铁球之类的东西，另外还有一个大的塑料盆和一块海绵。

游戏期间要注意水的温度，水的温度太高会把孩子的皮肤烫伤，太低容易使孩子感冒，最好与体温接近，使水温保持在40℃左右。

游戏玩法：洗完澡之后，可以往浴缸里放一些用来装水的容器，让孩子发挥想象力，想办法把水装满容器。你可以让孩子用准备好的容器向大的塑料盆中装水。在水从一个容器流入另一个容器的过程中，孩子会发现水是一种流动的没固定形状的物质，把水放进不同形状的容器中，它就会呈现出不同的形状。

另外，你还可以把不同的球放在水中，和孩子一起观察它们的沉浮现象，这时孩子会发现皮球和塑料球都漂在水面，而铁球很快就沉入水底。

游戏目的：通过观察练习，孩子会进一步认识到水的特性——水具有浮力。

照镜子——自我认知能力的训练

游戏玩法：在孩子早晨起床后，你可以帮他洗完脸，穿上一套漂亮的衣服，然后和孩子一起走到镜子前面，让孩子认真观察镜子里的人物，并告诉孩子："镜子里的大人是妈妈，镜子里的小孩是宝宝。"你也可以让孩子在镜子前做出不同的动作和表情，比如：你让孩子对着镜子里的自己微笑，然后他会发现镜子里也有人对他微笑；你让孩子对着镜子里的自己招手，就会看到镜子里也有人对自己招手。或者，你也可以让孩子面对镜子寻找自己的小嘴和小鼻子，并告诉孩子："这是嘴，它是用来说话和吃东西的；这是鼻子，它是用来呼吸的；这是眼睛，它是用来看东西的。"开始，孩子对看到的一切都会感到非常好奇，这使孩子对自我形象有了一定的认识，孩子不但可以认识自我，同时也养成面带微笑的好习惯。

游戏目的：让孩子学会照镜子，是提高孩子认识自我能力的一种很好的办法，这不但可以满足孩子的好奇心，使他心情愉悦，而且能让孩子学会识别面部的不同器官。

辨别游戏——辨别和思维能力的训练

人的思维意识离不开生活实践，训练孩子的思维能力应从日常生活着手。区分图形，认识事物的特征、属性就是思维能力的体现。

游戏方法：把包括孩子在内的所有家庭成员的日用品放在一起，比如爸爸的公文包、妈妈的口红、爷爷的烟盒、奶奶跳舞用的扇子等。妈妈对孩子说："宝贝，把妈妈的东西找出来，给妈妈吧！"当孩子开始寻找时，妈妈可以在一旁提示孩子。孩子在辨别这些物品的主人时，会仔细思考，哪些东西是妈妈用的，哪些是爸爸用的。

游戏目的：对事物进行简单的辨别，有助于孩子思维能力的提高。

小小"观察家"——锻炼孩子的模仿力

观察，是开发智力的重要手段；模仿，是孩子观察事物的最佳体现。通过游戏可以训练孩子的观察力，锻炼孩子的模仿力，开启孩子的智慧之门。培养观察力的游戏可以围绕孩子的兴趣展开。

谁和谁相同

爸爸妈妈为孩子准备一些图片，最好是平时孩子比较喜欢的事物，比如水果、小汽车、玩具熊之类的，让孩子把相同的两张拿出来。

哭脸和笑脸

游戏玩法：妈妈用纸画两张脸，一张笑脸，一张哭脸，然后让孩子看。妈妈还可以模仿一下哭和笑的表情，让孩子感受，然后把两张卡片摆开，问孩子"谁在哭"，让孩子挑出哭脸，再问"谁笑了"，让孩子把笑脸找出来。

游戏目的：通过让孩子对面部表情进行观察来锻炼其观察力。同时，观察表情会让孩子感受到他人的情绪，对于孩子以后的人际交往有益处。

跟着做

游戏玩法：妈妈和孩子面对面站着，前面最好还有一面镜子。让孩子跟着妈妈做动作。妈妈摇一摇头，说"小脑袋，摇一摇"，鼓励孩子跟着摇头。妈妈说"小眼睛，眨一眨"，同时眨眨眼睛，让孩子模仿。然后，妈妈说"小手指，挠一挠"，同时用手做挠一挠的动作，如果孩子做得不到位，妈妈继续做，并且给孩子讲解动作的要领，引导孩子模仿。通过观察，孩子会模仿得越来越好。

游戏目的：通过对大人动作的模仿，培养孩子的观察力，促进孩子大动作能力的发展。

第十二章

适合13~24个月
孩子的玩具

　　玩具是孩子的朋友，没有孩子能抵挡住玩具的诱惑。孩子忘情地沉浸在玩具带来的快乐中，小脑袋瓜里也会不时地滋生出新奇的想法，智力也能在潜移默化中慢慢发展。当然，不同的孩子会喜欢不同的玩具，为你的孩子选择合适的玩具，将有益于开发他的智力，使他快乐成长。

让孩子玩得安全

在孩子的成长过程中，除了吃和睡之外，他们最多的活动就是玩耍。对孩子来说，这个世界是新鲜的，出于对未知事物的好奇，孩子会对看到的所有陌生事物产生兴趣，并且想一探究竟。玩是孩子的天性，他们通过玩来逐渐熟悉这个世界，建立起对事物的初步认知与判断，这是他们思想成长的重要过程。家长在让孩子快乐地玩的同时，更要注意的是让孩子玩得安全，要知道1岁孩子对危险是缺乏防备的，许多发生在幼儿身上的意外事故都是一些安全隐患造成的。

孩子会走路了，原来不可触摸的事物变得伸手可及，好奇心总会驱使他们去触碰那些带有危险性的东西。此时，爸爸妈妈就应该考虑给孩子一个安全舒适的环境。首先，要确定孩子能够接触到的物品都是安全的，要以孩子的视角来仔细检查一遍居所环境，确保排除所有安全隐患；其次，千万不要让孩子脱离自己的视线，否则是非常容易发生意外的。

孩子的快乐就是爸爸妈妈快乐幸福的源泉，所以爸爸妈妈总是为孩子买各种各样的玩具，父母在挑选玩具的时候要注意仔细观察有没有安全和健康方面的隐患。

在让孩子快乐地玩的时候，需要注意如下事项：

（1）现代家庭日用电器很多，许多家里随处可见连接电源的电线和插座，对那些很活泼的"小调皮"来说，把手指头戳进插座里并不是不可能的事，所以应避免让孩子接触这些。必要时可以警告孩子哪些是不安全不可碰的物品，让孩子树立基本的安全意识。

（2）提供给孩子的玩具要符合他们的年龄特征，在材质上要检查有没有安全认证或安全标识，防止一些有毒成分对孩子的健康产生危害。

（3）有些孩子有轻微的破坏倾向，喜欢摔打玩具，这种情况下绝对不可以提供一些易碎品给孩子玩耍，以防物品碎片划伤孩子。

（4）有的孩子喜欢吸吮手指，见什么都喜欢舔一舔，这时家长要注意别让孩子接触一些细小的玩具，比如玻璃球、纽扣等，以防孩子误吞。

幼儿期的孩子思想成长的速度很快，爸爸妈妈除了要照顾好他们身体上的需要，还应该引导孩子用正确的方式去玩耍，尽早培养他们的安全意识。

按孩子身心发展的特点选择玩具

1岁孩子的身体和智力都在快速地发育，父母在给孩子选择玩具的时候要考虑到孩子的年龄特征。在孩子1~2岁时，选择一些启蒙教育的玩具是大多数家长的首选。此外还需要结合孩子的身体条件、性格特点等选择不同的玩具，以达到对孩子进行身体和智力双重训练的目的。

13~16个月

这个时期的孩子已经可以稳稳地行走了，他们喜欢自由自在地在房间里走来走去，并且能用手去抓取一些物品。也喜欢把东西扔出去，然后再蹒跚地找回来，孩子在这些简单重复的动作中体会着自由的乐趣。此时可以根据孩子的爱好有选择性地给他们提供一些简单的玩具。

车类玩具：可推拉的玩具很适合刚学会走路的孩子进行行走锻炼，走得很稳的孩子可以选择能拉的车类玩具，让孩子进一步增强身体的活动能力。

球类玩具：选择这个年龄段孩子能抓住的玩具球，同时，家长要教会孩子怎样扔球，怎样接球，与孩子进行简单的互动。

积木类玩具：选择图形简单的积木，让孩子对物体的形状有初步的认识。爸爸妈妈可以和孩子一起进行搭积木游戏。

毛绒玩具：玩偶对男孩和女孩都很有诱惑力，有些孩子甚至会把它们当作自己的朋友，走路抱着，睡觉搂着，能够保持很持久的亲密关系，这也是孩子感情细腻的外在表现。

16～20个月

这时候的孩子走路越来越稳了，双手也越来越灵活，他们可以说出几个简单的字或词，还能理解大人的话语，也会模糊地想表达出自己的意愿，这说明孩子长大了，变聪明了。这个年龄段的孩子有了更强烈的好奇心和求知欲，在玩具的选择上也有更高的要求。

益智类的图书：最好选择带图画且可以发声的图书，让孩子在阅读的同时还能进行简单的语言训练。

车类玩具：儿童滑板车是孩子最喜欢的玩具之一，通过骑车可以增强孩子的腿部力量，锻炼孩子的手眼协调能力和身体的平衡能力。

积木类玩具：复杂一点的积木类玩具能锻炼孩子的动手能力，父母可以教孩子用积木块组成不同的造型，提升孩子的想象力。

各种球类玩具：选择一些球，让孩子用脚踢，用手拍打，带动全身器官协调发展。

音乐类玩具：选择一些能播放儿歌的玩具，有助于提高孩子对声音的辨别与模仿能力。

20～24个月

这个时期的孩子对身边的玩具变得不像以前那么感兴趣了，他们更多地希望爸爸妈妈带他出去玩。这说明孩子长大了，有了独立思维，开始向往外面的世界，产生了与其他小朋友交往的兴趣。这个时期的孩子，思想的发育速度有时候会超越身体的发育速度，他们不再满足于局限在房间里，而是需要更广阔的天地帮助他们提高认知。父母在给这个时期的孩子选择玩具时要考虑到这些玩具是否能提高智力和充分发挥孩子的动手能力。

车类玩具：儿童扭扭车也是非常好的选择。孩子在大人带领下去户外骑车，能提高手臂、腿部的力量与灵活度。此外，电动类童车也是不错的选择。

图书类玩具：选择一些带有故事情节的图画卡片，用游戏的方式来提高孩子对书面知识记忆的能力，一些双语的识字卡片也很适合这个阶段孩子的学习。

球类玩具：根据孩子的具体情况可以买一些较大的玩具球，让孩子跟小朋友们一起玩，增强孩子的交际能力。

动手类玩具：比如塑料桶、铲子、水壶等，爸爸妈妈可以用做游戏的方式教孩子模仿一些日常活动，增加孩子自己动手的兴趣。

智能玩具：有的智能娃娃能够说话、唱歌，有的还可以跟孩子进行简单对话，对孩子语言表达能力的提高很有帮助。

拼图类玩具：能有效锻炼孩子的思维能力，这时期的孩子拼图的数量可以达到6 ~ 8块，但仍需要爸爸妈妈的耐心引导。

第十三章

对于1岁孩子，爸爸妈妈最关心的
成长问题

1岁，是孩子成长中令很多家长头疼的时期，孩子的多变常使大人手足无措，而且想尽办法也无济于事。20多个问题，20多个答案，让问题迎刃而解，让忧心忡忡的你茅塞顿开。

该不该让孩子自己睡

妈妈问：

儿子已经1岁10个月了，我最近在有意地锻炼他一个人睡觉。每天晚上8点，我会准时抱孩子进房间，拉上窗帘，熄灯，让他习惯自己在房间睡觉。但试过好几天了，孩子还是不适应。刚开始他还能自己睡着，但半夜总醒，醒来如果见身边有人，就能接着睡，如果没人，就要起床来找。虽然还在坚持让他自己睡，可心里总觉得是不是真的该陪他。让宝宝一个人睡真的越早越好吗？

对于该不该让孩子自己睡的问题，父母们持两种不同的看法。一种看法是让孩子自己睡，认为孩子自己睡觉可以减少对父母的依赖，对培养孩子的独立性非常有利，如果孩子一直习惯和父母同睡，就不利于孩子安全感的建立。还有人认为这样会使孩子产生"恋母情结"，也会影响夫妻生活。

另一种看法则主张孩子与父母同睡，认为孩子太小了，让孩子一个人睡太残忍太自私，远离母亲，会让孩子陷于恐惧的情绪之中，也不利于孩子安全感的建立。

专家建议，还是让孩子自己睡比较好。晚上一个人睡可以帮助孩子形成积极的自我认知，长远来看是有好处的，家长与其纠结要不要让孩子一个人睡，还不如思考如何帮助孩子尽早地习惯一个人睡。

让孩子自己睡需要注意以下几点：

（1）做足睡前功课：睡前给孩子讲故事，不论多辛苦都应该坚持做到，等孩子入睡后再离开，这样孩子会睡得很安稳，同时听故事也培养了他们的语言能力。

（2）睡中的看护：夜间，孩子可能会因为做梦或是憋尿而醒来，父母应该定时来看看孩子，如果醒了，要哄他入睡，给他足够的安全感。

（3）相信自己也相信孩子：相信孩子可以习惯一个人睡，相信自己的做法能够培养孩子的独立性，一旦确定让孩子独睡就不要轻易改变自己的做法。

孩子看到玩具就不走了，不买就哭怎么办

妈妈问：

> 儿子兴兴1岁6个月了，家里大大小小的玩具非常多，爸爸给他买的，舅舅送的，我同事送的……为此我还专门给他买了个柜子。按理说，儿子的玩具已经够多了，可他还是不满足。每次我们出去逛街，儿子看到卖玩具的就赖着不走，不买就哭，越哭越厉害。像这种情况怎么办呢？

很多孩子都出现过这种行为，之所以这样，有三方面的原因。

（1）自我意识萌发。孩子的自我意识萌发，喜欢以自己的兴趣和喜好来行事，没有对和错的概念。

（2）对于时间的意识。孩子对于时间的意识就是"现在"，所以他们想要什么，马上就要得到，没有耐心。

（3）孩子的习惯。这和大人的溺爱是分不开的，孩子已经习惯了大人对自己有求必应，按以往的经验，只要哭闹就会换来父母的妥协，在孩子对于因果有一点意识的时候，他感觉到的因果关系就是：哭——买。

对于这样的行为，家长首先要理解孩子心理需求的表现，下一步就是进行引导，帮助孩子改正这个不好的习惯。

有几个不错的方法可以尝试：

（1）和孩子做个约定。知道孩子有这个习惯，出门前就要和孩子做个约定，告诉孩子，他不买玩具才同意带他出去，或者一次只能买一个。

（2）转移注意力。用转移孩子注意力的办法使孩子忘掉自己的念头。

（3）事后买。不要让孩子感觉到哭和买之间的联系，为了满足孩子的需求，可以在事后买下玩具，在一个适当的场合，当作奖励送给他。

总之，不要见孩子一哭就马上妥协，这样做会让孩子养成爱哭的习惯，还容易强化孩子以自我为中心的性格，不利于孩子养成良好的个性和强大的自制力。

别家的孩子都进行早教，我的孩子也要这样吗

爸爸问：

我的儿子刚1岁，小家伙机灵可爱，每天都让我们惊喜不断。同事建议我给孩子报个早教班，我身边很多跟我儿子差不多大的孩子都报了早教班。听他们说，早教还是比较科学的，不能让孩子输在起跑线上，还说进过早教班的孩子就是不一样，真是这样吗？

现在各种早教中心越来越多，早教教材也丰富多样。其实，作为家长，首先要明确让孩子上早教班的目的，理解早教的真正含义，当你真正理解早教是怎么回事的时候，就会有自己的选择了。

早教机构从业的目的就是希望给家长一些专业性的指导，让家长更多地了解孩子的成长规律，例如，在孩子每个成长敏感期来临时，知道自己要怎么做。

早教是个很宽泛的概念，简单来说就是儿童的早期教育，孩子怎样学习，孩子怎样玩，我们怎样和孩子交流，怎样和孩子说话……可以说，一切

的生活常态都是早教。从这个角度看，如果家长在育儿方法上有困惑，如果你的孩子有胆小、怕生的表现，你想让孩子更多地接触同伴，改变孩子的人际交往方式，这时候不妨带孩子去参加一下早教班，让孩子与同龄人一起在玩耍中学习，共同成长。

如果你很清楚你的孩子需要什么、不需要什么，适合什么、不适合什么，还对孩子的教养问题有系统的认识，对孩子的教育也有足够的信心，且你的孩子很适应、接纳你的教养方式，那么你不如顺其自然，努力为孩子提供适合的环境、玩具，给他更多的爱和支持，让他健康快乐地成长。因为如果孩子很排斥早教班，却为了跟风而强求孩子去上，只会适得其反，也是对早教的误解。

为什么孩子这么大了，还会把玩具放进嘴里

妈妈问：

我家小炜喜欢把玩具放进嘴里，1岁半以前的孩子这样做是可以理解的，但小炜都1岁8个月大了还这样做，是不是有什么问题？为什么会出现这样的现象呢？

1岁以后的孩子还会把玩具放进嘴里，父母应考虑一下是不是孩子的口欲期被你们忽略了，孩子没有得到满足，所以他在"补课"。

孩子自出生到1周岁有一个口欲期，这时候孩子的嘴部的神经发育比手的神经发育要快，所以更为敏感，以至于他更喜欢用嘴去探索世界。如果那段时间他的行为被大人用粗鲁的方式制止过，就有可能出现"补课"的现象，对于这种现象父母不用太在意，要尽量在安全、干净的前提下满足孩子的愿望，帮助他顺利度过这个时期。

不过，大多数这个年龄段的孩子出现这种行为，更大的可能是他们对玩具的构造产生了兴趣，他们试图全方位探索，专心"开发"自己的玩具。此

外，很多孩子还喜欢用手研究他们的食物，他们用手搅和黏糊糊的果汁，或者用手挤压食物，这和他们用嘴去研究玩具是一个道理。

还有一种情况可能会让孩子喜欢把玩具放进嘴里，那就是孩子有颗新牙从牙床里冒出来了。这个时候，孩子常常会感觉不舒服，觉得痒或者疼，还伴有流口水的现象。

如果孩子"吃"玩具的现象到了严重的程度，也就是说，出现的频率太高、时间太长的话，为了孩子的健康着想，那就要进行干预了。建议家长尽量多陪伴孩子，让他有更有意思的事情做，比如去户外玩耍，观察新鲜的事物等，这样能使孩子在不知不觉中淡忘这个习惯。到了3岁时，大部分孩子就不会再这么做了。

为什么孩子对玩具没有兴趣

爸爸问：

　　别的孩子在1岁这个年龄特别喜欢玩玩具，但我女儿倩倩好像对玩具一点兴趣也没有。我买的玩具，无论多有意思，益智的还是娱乐的，她都只看一会儿，拿起来摆弄几下就扔掉。我以为是因为那些玩具太旧了，就去精心选购来一批新的，可是她也玩不了几分钟就不玩了。厨房和卫生间里的东西倒是挺吸引她，调羹啊，瓢啊，锅盖啊，连吃着饭还要拿在手里。这正常吗，怎样才能让她对玩具感兴趣呢？

孩子对玩具没有兴趣，可能有3个方面的原因：

（1）父母选购的玩具没有满足孩子的需要。

（2）孩子大了，认识的东西多了，不肯专注于一种事物。

（3）玩具太多。

关于第一点，父母在选购玩具时应考虑：这个玩具能让孩子有信任感吗？这个玩具符合孩子的个性吗？可以满足孩子的好奇心吗？可以给孩子发挥创造性的空间吗？如果答案是否定的，那么，孩子对这个玩具的态度也是否定的。建议给孩子提供些自制玩具，并且最好能让孩子参与制作的过程，此外，父母还可以陪孩子一起玩玩具，帮助孩子开发玩具的新玩法。

关于第二点，1～2岁的孩子有了独立行走能力，生活范围也随之扩大，玩具在其他新鲜事物的冲击下失去魅力，这是很自然的。对此，建议家长要在保证孩子安全的前提下满足他对玩具的渴望。

关于第三点，就是玩具太多的问题。由于大人的宠爱，现在的孩子个个都拥有大量的玩具，过多的满足，让孩子对玩具产生了审美疲劳。因此，父母最好适当减少购买甚至停止购买玩具，必要时不妨把旧的玩具收起来，只拿出一小部分给孩子玩，并且隔一段时间换一批，这样孩子就会保持对玩具的新鲜感了。

孩子不肯松手独自走是因为胆子小吗

妈妈问：

我的孩子现在1岁3个月，拉着大人的手可以走了，迈开步子还能小跑，可就是不肯松开大人的手一个人走，始终要抓着大人的一根手指，好像那样他就觉得安全了。我一直努力锻炼孩子独立行走的能力，但小家伙相当敏感，只要一松手马上就察觉了。孩子不肯独自走路，是因为胆小吗？

孩子不肯松开大人的手单独走路，是很多学步的孩子都会出现的情况。大部分孩子会在1岁至1岁3个月学会走路，但和学说话一样，孩子们的表现也存在很大的个体差异，孩子们学走路的时间不尽相同，有的相对早些，有的相对晚些。

孩子明明已经会走，却还要大人扶，不愿意独自走路，主要是因为他的身体发育还不够强壮；另外，出于自我保护的意识，孩子对这项新学的"技能"没有足够的信心。

这个时候，父母千万不要太过着急，强迫孩子自己走路，或者强制甩开孩子的手，这样会使孩子更没有安全感，独立走路会变得更加困难。正确的做法是运用各种方法让孩子无意识地放手，比如，面对着孩子，用食物诱惑他，也可以拿一些玩具吸引孩子，拖拉玩具是个不错的选择，还可以让孩子帮你拿东西。不过，大人离孩子不要太远，等孩子成功地走出第一步再慢慢地拉开距离。反复多次以后孩子就会建立起独自走路的信心。

孩子太好动怎么办

妈妈问：

我的儿子1岁5个月了，一天里除了睡觉，其他时间都动个不停。从学会走路后他就喜欢到处跑，或者爬上爬下，还喜欢拿东西扔来扔去，让他坐下来安静几分钟比登天还难。我怀疑儿子有多动症，但带孩子去医院检查后发现，这并不是多动症，医生说这是孩子精力旺盛的表现。不知道孩子这种情况还要持续多久，怎么办呢？

不少家长都有这样的烦恼：自己的孩子看起来要比别的孩子精力旺盛，往往大人都累得气喘吁吁了，孩子却意犹未尽，闹腾着要继续玩耍。孩子爱动不是什么坏事，父母要做的，不是单纯地束缚和扼杀孩子探索的欲望，而是要学会做好防护措施，保护孩子在发泄过剩精力时不受到伤害。

发现孩子精力旺盛，妈妈可以这样做：

1岁的孩子正处在探索的阶段，那些危险的易碎品、刀、有毒物品等，父母都应放在高处或者锁起来，要保证孩子接触到的东西都是安全的。在出现意外时，不要盲目指责孩子，而应迅速将他抱离现场，同时要告知孩子如何避免再次出现同样的意外，切记不要过多强调不正确的行为。

鼓励孩子与大孩子为伴。如果孩子精力旺盛，父母可以鼓励他与大孩子一起活动，因为相对大强度的活动可以让他的体力得到宣泄，也可以更好地满足他的求知欲。

与孩子建立更亲密的亲子关系。如果你的孩子常处于精力过剩的状态，你就要更加注重和孩子建立亲密关系，了解他的优点和缺点，在他烦恼时适当地给予帮助。这样可以让孩子的心理压力得到缓解。

对活动量大的孩子来说，只有他把精力发泄完了，才能真正安静下来。家长可以每天安排一段时间，找一些运动项目让孩子好好地"动一动"，也可以考虑让他参加一些体育项目，或是把精力用在能量消耗比较大的活动上。

扩大他的视野。经常带孩子去博物馆、游乐园、植物园等地方，让他过剩的精力有足够多的渠道可以发泄，又可以培养他健康的爱好，使他的心灵有更广阔的发展空间。

孩子推倒积木是因为乐趣吗

爸爸问：

我的儿子丁丁现在1岁10个月了，为了开发他的智力，我给他买了一套积木。孩子也好像非常喜欢这套玩具，左搭一块右搭一块，玩得还不错，还给我们看他的"作品"。就在我们准备夸奖、鼓励他时，他却一下把刚刚搭好的积木推倒。我费了很大劲搭好城堡给他看，谁知也被他一把推倒，推倒后他还很高兴地看着我笑，真让人无可奈何，这是为什么呢？

孩子热衷于推倒积木主要是因为：

（1）孩子的大肌肉运动处于敏感期。如果家长细心观察会发现，1岁多的孩子不仅喜欢把积木推倒，还喜欢扔积木，甚至其他的东西，这和他的身体发育是有很大关系的。

（2）孩子在理解"因果关系"。推倒积木，积木倒在地上会发出"哗"的一声，在这个过程中，他会发现积木发出"哗"的声音是因为他推倒了积木，这个发现会让他感到满足和快乐。

（3）"自我意识"的体现。推倒积木是孩子自主意识思维发展的体现。当大人帮助孩子搭积木的时候，孩子将其推倒，或者拒绝大人的帮助，先破坏再建设，这是因为他有自己的主意和想法，不想让别人来干涉自己。

（4）孩子没有掌握游戏规则。也许在家长看来，推倒自己或别人辛苦搭好的积木，说明孩子不珍惜劳动成果，也是不友好的表现，可是1岁的孩子并没有游戏"规则"的概念，他们只是单纯地觉得这样比较有趣，搭积木和推倒积木对他们来说没有什么区别，不过是玩的方式不一样罢了。

不管怎么说，这些行为都表明孩子在好奇，在探索，在玩耍，在思考。在这个过程中，孩子的脑部会受到良性的刺激，想象力和创造力都得到了开发。虽然孩子经常做出让我们难以理解的行为，但是如果站在他们的立场来看，就不再那么难以理解了。

为什么孩子不让爸爸把衣服放在他的地垫上

妈妈问：

儿子和和1岁7个月了。为了能让他玩得尽兴，我给他布置了一个"游戏乐园"。上面铺着一块厚而大的地垫，他喜欢的玩具都在上面，小架子鼓，电子琴，各种小汽车什么的，这是和和最喜欢待的地方。他爸爸每天下班第一件事就是上去和他玩，父子俩闹腾得可欢了。就是有一件小事，让我们有点疑惑和担心，孩子爸爸脱下的上衣，随手放在了地垫上，和和就不高兴了，非要让爸爸把衣服拿开。好几次都这样，说什么也不行，这是为什么呢？这么小就这么固执、霸道，是不是他以后的性格就是这样呢？

和和的行为一点也不奇怪。和和之所以执意不让爸爸把衣服放在地垫上，完全是出于对秩序的敏感。秩序感，简单地说，就是孩子对空间、时间的条理性和规律性的要求，也是幼儿的一种心理需要。

在和和的感觉中，地垫就是用来玩耍的，是应该放玩具的地方，爸爸的衣服出现在放玩具的地方，显然破坏了这个环境原来的样子。对秩序的破坏会引起孩子焦虑不安的情绪，也就是让孩子产生了不安全感，这时，他当然会不高兴了，进而会去阻止爸爸的行为。

在孩子们的想法中，每个东西都有自己的"家"，这个"家"就是这个东西最初放置的地方——钥匙就应该在妈妈的包里，书就应该在书架上。家长不必担心，这绝不是孩子固执，相反，你应该感到高兴，因为这是训练孩子形成有序、科学、合理的生活习惯的好机会。

孩子想要独立却又依赖人，是不是很矛盾

爸爸问：

最近我发现，我的1岁4个月的女儿琴琴好像更加黏人了，只要我或者她妈妈一离开房间，她就会大哭起来。妈妈到哪里，她也要到哪里，弄得妈妈什么也干不成。有时候她又好像变了一个人，不要大人陪，我们要抱她，她非要挣脱开，要一个人到处看、到处走。琴琴的反差行为是不是很矛盾？

1岁到1岁半的孩子，他们的很多行为让父母十分费解。

父母在欣喜孩子有主动探索能力的同时，也会发现她的依赖性在逐渐增强。家长因此产生了疑问：孩子到底是进步了还是退步了？是的，独立性与依赖性的确是相互矛盾的，但是它们就是这样奇妙地在这个年龄段孩子的身上同时出现了。

1岁到1岁半的孩子，出现这样的变化也是有原因的：一方面他们会走路了，身体功能也开始发育，使得他们什么都想亲自弄个明白；另一方面，他们的自理能力还很差，安全感还建立在父母身上，只要有恐惧不安的感觉，他们就会立刻回到父母的身边去。

安全感的需要和自立的愿望同时存在于孩子的意识中。前者强于后者的时候，孩子就出现了种种黏人的行为，如哭闹，情绪不安，一会儿看不到父母也不行；而当后者占上风的时候，他们就想脱离父母的管束，去自由"闯荡"。

这个时候父母通常会出现两种处理方式：一种是不让孩子"黏"，以为这样可以培养他的独立性；另一种是生怕孩子受伤而限制孩子的"独立行动"。这两种方式都是不可取的，不利于孩子的身心发展。最好的做法是，充分认识孩子的这种矛盾性，让孩子去探索的同时，暗中保护他。在孩子需要的时候及时出现，满足他们对安全感的需要。

孩子不愿意尝试新事物怎么办

妈妈问：

我的儿子宁宁快两周岁了，听别的妈妈们说，这个时期的孩子正值乐于探索的年龄，对什么都好奇，为此我给孩子买了很多益智玩具，还带着孩子去不同的地方玩，让他开拓眼界，长知识。可是我家宁宁却完全出乎我的意料，总是不愿尝试新事物。给他买了一辆小车，告诉他怎么骑，他就摆手说"不，不"，给他买双新鞋，他就是不穿，闹着要穿原来的。玩具也是，每天抱着那些又破又旧的玩具来回鼓捣。是宁宁的智力不如别的孩子吗？这样下去该怎么办呢？

孩子在探索世界的年龄阶段，父母做好了准备，孩子们却在犹豫不决，迟迟不愿接受新的事物，这是为什么呢？又该如何引导呢？

性格原因

接受新事物也存在个体差异，不能一概而论。有的孩子不愿意接受，可能和他们的性格有关。性格外向、活泼好动的孩子比性格内向、敏感柔弱的孩子好奇心更强一些，也更乐于尝试新事物。

教养原因

不愿意尝试新事物有时是缺乏自信的表现。这和父母的教养方式有很大关系，如果父母喜欢给孩子包办一切，剥夺了孩子动手的机会，孩子习惯一切都依赖父母，就会认为自己什么都不会，自然没有去尝试的信心。父母过分地照顾孩子，还会影响孩子的适应能力。

某些父母习惯压制和破坏孩子对新事物的探索欲，看到孩子拆东西就认为是搞破坏，对孩子的行为进行训斥。这样就打消了孩子的积极性。

恋物原因

对1岁多的孩子来说，有时候新东西并不如旧东西受欢迎，难以给他们带来更大的安慰，过分地恋物也会降低他们对新事物的兴趣。

基于上述原因，对于宁宁的问题，妈妈要采取积极的态度。在孩子面对新鲜事物时，陪同和帮助孩子，温柔地告诉孩子那是什么，有什么作用，以此来消除孩子对新事物的恐惧感和排斥感。还要根据孩子的接受程度，在与旧物接触的基础上增加一些新的玩具，不要将新玩具一下子塞给孩子。孩子还小，对于新玩具、新衣服、新食物，从认识到尝试再到接纳，都需要一个过程，妈妈们给孩子设的目标不要太高，不要太心急。

孩子为什么总说"不"

妈妈问：

我的女儿婷婷1岁10个月，以前简直就像个小天使，乖巧可人，不哭不闹，我很高兴生了这么贴心的"小公主"。不知从什么时候起，好像是突然之间，女儿就变了一个人似的，张口闭口就是一个"不"字，总喜欢跟我对着干，问她什么都是左一个"不"右一个"不"，你说东她偏朝西。这么拗，长大以后怎么办啊？

昔日的"小公主"变成今日的"小杠头"，这位妈妈的确难以接受。婷婷怎么了？为什么喜欢和大人唱反调，难道真像妈妈认为的那样是她的天性显露吗？

不，当然不是，很多1岁的孩子都和婷婷一样喜欢和父母唱反调，学会几个词后，说得最多的竟然是"不""不行""不要"，还伴着摇手、扭头以及斩钉截铁的语气，真是让人感到又好气又好笑。

之所以这样的"叛逆"不是因为他们不可理喻，而是开始有了自我意识。1岁前的孩子由父母包办一切，1岁后，他们能支配自己的行动了，兴奋之情可以想象，当然一切都想自己做主了。这时，父母的安排和关照，难免会遭到他们的拒绝。

然而父母往往不理解孩子的这种行为，大多数家长都会像婷婷妈妈一样，在气恼之下采取强制措施使孩子无条件服从。这种做法是不妥的，会使孩子缺乏安全感，造成心理上的伤害。要知道1岁孩子的"不"并不是故意和父母对着干，而是心理成长的体现。如果你的孩子从来不反对你的意见，如同一个机器人一样只懂得服从，你肯定会更担心。

当孩子唱反调时，建议家长不要和孩子较劲，其实有很多巧妙的方法可以让"逆反"宝宝不知不觉中乖乖听话。

转移注意力

对于执意要做某件事情的孩子，不妨用另一件事物转移他的注意力。比如雨天孩子执意要出门，你可以拿起球假装投篮来吸引孩子。

抱起他

什么也不说，把他抱起来，像小时候那样轻轻地拍打他，在得到安慰之后，孩子的心情会平静下来，逆反情绪也会得到缓解。

让他自己选择

在孩子唱反调的时候，命令的语气会让他更加逆反，家长不妨把选择的自由给孩子，比如孩子拒绝洗脸，妈妈就可以这么说："你想自己去洗脸，还是想和小白兔一起去呢？"这样一来，孩子的注意力就投入到选项上来，当然就乐意了。

以退为进

孩子不愿意做一件事，你不妨假装由着他去，比如孩子不愿意先洗脸，妈妈可以这么说："那宝宝不洗了，妈妈去洗喽，洗得香喷喷！"这样能激发孩子洗脸的意愿。

为什么孩子总是爱搞破坏

妈妈问：

我的孩子已经 1 岁多了，最近他总是搞破坏。前一天将他爸爸放在桌子上的书稿全用笔给涂鸦了，眼镜也折断了。今天他竟然将小哥哥的作业本给撕了，急得小哥哥大哭。我的孩子还表现出一副无辜的样子，真是太可气了！孩子很爱搞破坏，怎么办？

很多父母都会抱怨自己的孩子总爱搞破坏，不论玩具还是家居用品，只要到他们手里就难逃厄运，一会儿就被分解得支离破碎。

心理学家将孩子们的这种表现，称为儿童破坏性行为，虽然原因和

"症状"各有不同，但这些行为却被普遍认为是孩子成长过程中的正常现象。

有限的控制力和强烈的好奇心，被认为是打造"破坏狂"的最基本要素。1～2岁的孩子，对这个世界产生了非常强烈的好奇心，也希望能通过自己的方式去一探究竟，但他们的身体和手眼协调能力尚不成熟，难免因为能力不足而造成破坏。此外，孩子喜好模仿也是他们对环境造成破坏的一个原因，孩子总想着能够像爸爸妈妈一样做很多事情，但总是心有余而力不足，适得其反。另外，当孩子的一些合理要求被拒绝或者感受到一些他无法排解的压力时，也可能用破坏的方式来表达抗议、伤心或失望的情绪。

了解了"破坏狂"们行为背后的原因，父母们就应该以宽容的心态来对待家里那个"小恶魔"了。也可以有意识地采取一些措施，在不打击孩子探索精神的前提下，将"损失"降到最低。

为破坏大王挑选合适的玩具

既然孩子喜欢以不断地"破坏"为乐，那么，父母就可以特意为他们选购那些不容易被破坏和耐摔的玩具。如乐高积木和橡皮泥等，这些玩具可以让孩子自由拆解和建造；魔方、魔棍、小型拼图等智力型玩具，能让孩子在操作中提升智力；而布、纸、沙子等自然材料，则能给孩子提供更为广阔的探索和创造空间。

在玩耍中提升孩子的创造能力

父母不要一看见孩子出现破坏行为就气急败坏，严厉批评，这样很可能会扼杀孩子难能可贵的探索精神。相反的，父母要采取积极手段，把隐藏在孩子"破坏"背后的创造性引导出来。

鼓励孩子适当的破坏，并适时参与到孩子的"破坏活动"中去，和孩子进行互动，引导他们思考，这样既能够让孩子在"破坏"中获得心理上的满足，又能让孩子从中获取知识。比如，当孩子正在"破坏"音乐盒时，家长可参与其中，"宝宝，想不想和爸爸一起看看，为什么这个音乐盒会自己转圈唱歌呢？"

给予孩子"破坏"的机会

孩子对世界的理解和感知，往往是随着他们的探索而发展和逐渐深化的，但他们的手眼协调能力尚不成熟，难免出现"失误"。建议父母们不要对孩子盲目训斥，要细心地引导孩子，让他们的探索行为在实践中日益成熟，这样才能有效避免破坏行为的出现，也有助于帮助孩子建立自信。要知道，有些时候，对孩子的耐心等待是最高级别的爱。

为什么只有说"买好吃的"孩子才肯听话

妈妈问：

> 快2岁的儿子非常难缠，他每天一出去玩就不想回来，要在户外玩很久。而且看见玩具就要买，只要稍不如意就开始又吵又闹，好说歹说都不行。无奈之下，我只得使出老办法，那就是承诺给他买好吃的。我发现只要这样说，他就会安静下来，为什么会这样呢？

妈妈们都希望孩子能听话、懂事，好好吃饭和睡觉，不由着性子吵闹，于是软硬兼施。为什么"买好吃的"这句话这么管用？

俗话说，会吵的孩子有糖吃，为什么会形成这种模式呢？其实这不是孩子的错，而是父母的教养方式出现了问题。在不懂事的时候，孩子用哭闹的方式表达他的情绪和欲求，这是很正常的，但是每当这种情况出现，大人就用"买好吃的"来哄孩子是不可取的。因为孩子的行为是后天习得，并通过观察和实践增强的。当他哭闹时，大人就会说"买好吃的"，反复多次后，就使孩子在这两者之间得出了因果关系，也就是一哭闹就有"好吃的"，同时，"一哭闹就管用"，也增强了他这种行为的动机。这样一来，孩子下次就会为了得到好吃的而故意不听话。

建议妈妈们避免这种说法，因为这样只会使孩子越来越不听话。在孩子不听话的时候，妈妈应该坦诚地告诉孩子，妈妈希望他怎么做，不附带任何条件。一次两次也许并不能奏效，但随着孩子身心的成长，他们总会明白"好吃的"和"听话"之间没有必然的联系。

如何纠正孩子咬指甲的坏习惯

爸爸问：

　　我的儿子小东1岁4个月了。小家伙有个毛病，就是喜欢咬指甲，说也不听，打也不行，朋友都说这种习惯对身体非常不好，怎么办呢？我和我爱人都非常着急。

咬指甲的确是一种不良的习惯，对孩子的健康危害很大。手接触外界最多，尤其是孩子，喜欢到处摸，到处爬，大量的细菌、病毒会沾在手上，又会在孩子咬指甲的过程中进入口腔和体内，引发各种疾病。咬指甲还会导致牙齿外暴、缺角，影响孩子的外貌，引起指甲周围皮肤感染，甚至将来会影响手指的精细动作。爱咬指甲的行为习惯，主要是因为孩子经常处于紧张、抑郁、自卑、沮丧等负面情绪之中，而这些情绪的产生都是由于缺乏安全感。因此，要想纠正孩子的这个坏习惯，还是要从孩子的心理着手。

（1）消除紧张因素。家庭不和，父母经常吵架或打骂训斥孩子，这些环境因素都会使孩子产生咬指甲的行为并逐渐形成习惯。如果用粗暴的方式，体罚或大声训斥来阻止孩子咬指甲，只会加剧这种行为，成为继发性精神刺激因素。因此，家长要多给孩子心理上的关注，消除环境中的紧张因素，用微笑、点头等使孩子有安全感的方式来限制孩子的行为。

（2）分散注意力。在孩子咬指甲时，分散他的注意力，可以带孩子参加户外活动，做一些有趣的游戏，比如玩玩具、捉迷藏，让他们有事可做，就可以让孩子忘掉这个不良习惯。

对孩子爱咬指甲的纠正可能短时间内不能见效，这时家长一定要有信心和耐心，持之以恒，相信一定会成功。

孩子挑食、偏食怎么办

挑食，是指儿童对饮食挑剔，仅吃自己喜欢或习惯的几种食物，是一种不好的饮食习惯。如果孩子只吃自己喜欢的食物，会影响多种营养素的均衡摄入，不利于孩子的健康成长。

如何确定你的孩子是否有挑食、偏食的毛病呢？父母可以借鉴好孩子育儿网的测试来判断一下：

1. 孩子每次吃饭，不吃自己小碗里的米饭或面食，光吃肉或荤菜就饱了？

A．经常是；B．偶尔是或从没这种情况

2. 孩子看见各式蔬菜，或者不吃，或者刚含在嘴里就吐出来？

A．经常是；B．偶尔是或从没这种情况

3. 孩子非常喜欢吃鸡蛋，一天至少能吃三四个，打的饱嗝都带鸡蛋味儿？

A．经常是；B．偶尔是或从没这种情况

4. 孩子大便的时候总是很困难？

A．经常是；B．偶尔是或从没这种情况

5. 孩子爱吃油炸食品，甚至可以当饭吃？

A．经常是；B．偶尔是或从没这种情况

6. 孩子就爱喝牛奶，可是米饭或面食却不爱吃？

A．经常是；B．偶尔是或从没这种情况

7. 孩子尤其爱吃汤泡饭，但不爱吃菜？

A．经常是；B．偶尔是或从没这种情况

结论：

如果有4至7个A，说明你的孩子的确有严重偏食或挑食的习惯；

如果有1至3个A，说明你的孩子已经有偏食或挑食的倾向了；

如果1个A也没有，说明你的孩子没有偏食或挑食的习惯。

偏食并不单是由孩子的性格和胃口决定的，父母本身的饮食习惯，以及对孩子的不当养育方式，都是儿童挑食、偏食的诱因。那么，又有哪些办法能改变孩子的这种不良饮食习惯呢？

父母不要为了让孩子多吃饭就采取哄骗、威胁等方式

对孩子吃饭这件事，父母不要给予过多关注，因为怕营养不均衡就一味地进行"填鸭式"喂食，不仅不会对儿童成长有所帮助，更可能因为不易吸收或消化不良造成儿童腹胀、胃疼等问题。孩子是否需要进食，不是父母觉得需要就需要，而是要等他饿了再让他吃。

坚决抵制孩子边吃边玩，或边吃边看电视的习惯

只有专心吃饭，人类大脑才会刺激肠胃分泌有助于食物消化的酶，食物得到完全消化后，营养才能为人体充分吸收，所以 边吃边玩或边吃边看电视都会造成孩子吃饭分心，影响食欲和食物消化。同时，父母还要严格控制儿童的进餐时间，一旦磨磨蹭蹭，用餐超过25分钟，就要把碗筷收走，暂且不允许孩子再吃，也不允许吃任何零食或餐后辅食。

增加孩子对食物的兴趣

父母在准备孩子的饭食时，一定要多花些心思，不仅是口味，还要在食物外观上大做文章。食物的外形对孩子的吸引力最大，如果你能在专注食物口味的同时，把孩子不爱吃的食物改变一下形状，或者用食物拼画图案，就能大大刺激孩子的好奇心和食欲。

在准备饭菜的时候，不要准备太多种类的菜肴

如果饭桌上菜肴种类繁多，孩子自然就会选择自己爱吃的，从而摒弃那些不喜欢的，而孩子的胃口本来就小，这样一来，那些他不喜欢的饭菜，就永远不会吃了。所以，要想让孩子吃下他原本不爱吃的东西，那么餐桌上最好只有一个他喜欢的菜，而且量不要多，同时配以一到两个他不太感兴趣的菜，让孩子在不知情的情况下"被迫"进食。当然，这个方法的实施必须有两个前提：一是不要给孩子吃太多零食，也不要在饭后给孩子添加太多牛奶或鸡蛋等辅食，否则会减少其正常进餐时的食欲；二是适当增加儿童的户外活动时间和活动量，以增强其食欲。

孩子沉迷于动画片怎么办

爸爸问：

我的儿子杨杨1岁半了，他性格开朗活泼，3个月前，我注意到孩子很喜欢用iPad看动画片，《猫和老鼠》《喜羊羊和灰太狼》《倒霉熊》，这些都是他喜欢看的动画片。现在孩子都离不开iPad了，吃饭的时候只有拿上iPad才能坐在餐桌旁，早上起床后就吵着要看动画片。我们怕他把眼睛看坏，有一段时间跟他约法三章，每天只让看半个小时，他就又哭又闹的，根本不妥协。该怎么办呢？

可以看出，事例中的杨杨的确是迷上了动画片，动画片对孩子的吸引力很大，孩子喜欢看动画片是很正常的事情。好的动画片，内容丰富多彩，满足孩子玩耍和交流的需要，让孩子感到开心放松的同时还能学到对成长有利的各种知识，有利于培养孩子良好的个性品质。适当地看一些动画片对孩子来说是有益的，可是当孩子沉迷于动画片时，父母就应该注意了。

沉迷于动画片有两大害处：首先，1岁多的孩子身体各器官发育都不成熟，长时间地盯着屏幕看会对孩子的眼睛造成损伤，如果他又习惯开大音量的话，对听力也是有伤害的，加上长时间的不运动，身体各部位的运动能力就得不到锻炼；其次，沉迷于动画片的孩子容易形成依赖思想，独立思考能力的发展会受到限制，遇到问题往往不愿意自己尝试去思考和解决。鉴于此，建议家长朋友们适当控制孩子看动画片的时间。那么，怎么才能减少孩子看动画片的时间呢?

孩子沉迷于动画片的主要原因是生活太乏味和缺乏交流,因此,爸爸妈妈们应该尽量多抽出时间陪伴孩子,设法丰富孩子的生活,比如,陪孩子玩各种有趣的小游戏,带孩子去户外接触大自然,接触其他的小朋友,还可以买一些图画书给孩子看,用这些健康的活动来分散动画片对孩子的吸引力。

孩子为什么喜欢重复听一个故事

爸爸问:

看得出来,小茹很喜欢听我给她讲故事,虽然她只有1岁9个月。为此我推掉了很多应酬,就是要赶在她入睡之前给她讲故事。可是我有一点不理解的是,小茹总喜欢我反复地讲同一个故事,打开书,非要打开同一页不可,只有这样她才肯乖乖地听着,每听一遍都显得很快乐。我比较纳闷,为什么她听了很多次还是要重复听,我都读烦了,她还是要我讲这个,难道她不觉得烦吗?

这其实是一个普遍的问题,1岁多的孩子就是如此,他们不仅喜欢反复听同一个故事,还喜欢反复看同一部动画片和玩同一个玩具。

"重复"是1岁孩子学习和认知的主要方式,通过不断重复,孩子的大脑就能得到有效刺激,学习的过程也能得到进一步深化。"重复"对1岁孩子的智力发展至关重要。蒙台梭利曾说过:"如果反复进行练习,就会完善儿童的心理感觉过程。"

每重复一遍,孩子都会发现和体会到新的东西,就像案例里的小茹一样,虽然她还不能复述故事,但她能听,甚至可以记住故事里的人物和情节。因此,当孩子要求父母重复讲同一个故事时,父母最好不要敷衍他们,要不厌其烦地满足孩子。要知道，你的声情并茂，绘声绘色，都是在满足孩子的兴趣和求知欲。另外，当孩子听到熟悉的桥段时，对接下来的内容的预见也会给她带来信心和安全感。

孩子在家里和在外面的表现不一样是怎么回事

妈妈问：

儿子小松1岁8个月了。有一件事让我感到很不解，就是他在家是一个样，在外面完全是另一个样。之前我一直认为他是个外向的孩子，因为他在家特别活泼，话也很多，胆子也大，表现欲还很强，听着音乐就能跟着节拍手舞足蹈。谁知一到外面他就变了，看见人多就往我身后缩，在超市，别的孩子从他手里抢东西，他都不敢吭声，这是怎么回事呢？

有些孩子在家中表现得大胆活泼、十分"能干"，然而一到了外面，却表现得非常胆怯、拘谨，不愿意和别人打招呼，也不愿意和小朋友一起玩耍。那么，为什么孩子会有这样的表现呢？

孩子1岁时正处于"安全感"的建立时期，这个阶段的孩子在家人面前活泼可爱，而在外人面前会表现得"腼腆内向"，往往是因为他们对外界不熟悉，缺乏安全感。此外，有的孩子生活范围很小，接触的外人少，对父母的依赖性较强，这样的孩子到了陌生的环境，适应起来会比较慢。有的1~2岁的孩子甚至会用打人的方式来抗拒陌生人的接近，这些都是正常的现象。

那么，我们清楚这些原因之后，就应该理解孩子，并接受孩子的感受，以下是解决问题的一些建议，供父母们参考：

（1）扩大孩子的生活空间。家长应让孩子从自己的小圈子里走出来，让他多与同龄的孩子一起玩耍；还可以多带孩子出门，去人多热闹的地方，串门、走亲戚等，减轻孩子对不同人、不同环境的陌生感。

（2）家长要注意自己的态度。成长是需要时间的，每个孩子情况也不一样。在孩子还没有心理准备的时候，不能要求孩子见到熟人就要落落大方地打招呼，要给孩子一个适应的过程。

（3）增加孩子的"参与"意识。家长要多与孩子进行情感交流，鼓励孩子陪同大人去超市采购、参与做饭或帮邻居取报、取奶等，培养孩子与人交往的意识和助人为乐的品德。

动不动就爱哭的孩子

有些小孩子特别爱哭，一遇上点事就哼哼唧唧，甚至号啕大哭，别人讨厌，父母也常常束手无策。

1～2岁的孩子爱哭，是一种非常常见的现象，特别是他们在语言能力还没有发展成熟之时，饿了、渴了、尿了、热了、病了或者想引起父母注意，都可能成为他们哭闹的原因。而且，如果他们通过哭闹表达的需求没有得到正确理解或充分满足，哭闹的"级别"还会持续升高。

在学会说话之后，孩子虽然多了一种更为高效的表达内心的途径，但还是会因为表达不畅，或者需求得不到充分满足而哭泣。另外，和成人一样，孩子在情绪不佳、身体不适或者受惊等情况下，也会通过哭来表达。还有一种比较难处理的情况，就是孩子有通过"哭泣"成功要挟家长的经历，觉得一哭就能万事顺意，日久天长，就形成了用哭泣换取"甜头"的习惯。

但爱哭总是不好的习惯，不仅不利于儿童身体健康，更可能使孩子变得懦弱或专横，走上性格的两个极端。所以，对于孩子爱哭这件事，父母们也不能一笑了之，无论孩子是出于哪种原因成了"爱哭鬼"，都应该以科学有效的方式，将其作为一种不好的习惯予以纠正。

首先，理解孩子的敏感性。无论是身体上的感觉还是情感上的感应，儿童都比大人更为敏感，所以，作为大人，要理解孩子的敏感性，不能因为孩子在你心烦时或者人多的场合哭闹就严厉斥责，甚至动手打孩子，这对孩子而言是不友善、不道德的。相反的，为了让敏感的孩子减少哭泣，更应该给予他们足够的同情与关爱，鼓励他成为强者，以减少他的孤独感和脆弱感。

其次，别为孩子乱贴标签。有的父母觉得，要想让孩子克服行为中的某方面缺点，就一定要多说、多强调，因此便给爱哭的孩子贴上"敏感""多疑""爱哭鬼"的标签，反复说起，企图以激将法让孩子"觉悟"。殊不知，父母的评价对孩子往往是最高指示，一旦贴上这样的标签，以后就很难摘除。不仅是贴标签，父母在平时的聊天中也要注意，不要动不动就当着孩子的面向别人诉说他的爱哭，更不要在诉说中带上贬义词，什么"嚎个没完""哭起来像狼一样"等等，否则会让孩子的幼小心灵深深受伤。

再次，教孩子用语言表达内心。父母们在生活中可以有意识地教孩子用语言表达情绪，可以一条一条地教给他们什么样的情绪该怎样诉说，也可以多将自己的情绪表达给孩子听。当情绪表达得清楚明了之后，"对症下药"就容易多了，孩子哭泣的现象也会相应减少。

第四，对于以哭来要挟父母的孩子，不理睬是父母们最基本的应对方法。孩子哭，就不要理睬，让他去哭，千万不能因为心软而迁就。经过这样的试探，孩子明白哭泣这个"武器"并不能使父母就范的话，自然会放弃这种手段。

第五，生活中多点鼓励少些批评。提升孩子的自信心，是帮助其抵御敏感情绪的绝佳手段。因此，父母在生活中要多发现孩子的优点，少放大错误，虽然孩子不能每件事情都做到尽善尽美，但只要他尽力了，就值得赞扬。比如，当孩子试图自己洗手时，父母就应该先鼓励他自己的事情自己做，而忽略他把水洒得到处都是这件事，水洒了，擦掉就好了。

孩子非常怕生怎么办

妈妈问：

孩子1岁4个月了，特别怕生，家里来个客人，就紧紧拽着我的手，躲在我的身后，说话声音低，动作也迟钝。有一次带他去参加朋友的婚礼，一进酒店大厅，见到那么多人，孩子"哇"的一声就哭了，我都不敢带他出门，因为他这样常使我特别尴尬。如何让他不怕生呢？

很多小孩子都有认生的现象，不让陌生人抱，只要陌生人一抱就会又哭又闹，有些小孩甚至一到天黑就只要妈妈抱，其他生人想抱他都不行。这时，一些妈妈就会觉得很尴尬，但又不知道该怎么办。

要解决这个问题的关键是我们要明白孩子为什么会认生。

想象一下，一个陌生人盯着孩子看，伸手就要把他抱走，对孩子来说是一件多么不安和恐惧的事情。此时，孩子扎到妈妈怀里，躲避别人的拥抱是他本能的反应。

认生在儿童心理发展过程中应视为一个短期内就会自然消失的必然过程。这一过程持续时间长短和父母的教养方式有关。

以下是给父母的一些教养建议。

当妈妈抱着孩子见到陌生人时，首先要用热情的态度、平和的声调去和人交往，让孩子充分地体会到对方并不可怕。然后，妈妈可以握着孩子的小手与对方打招呼，对方也可以用一个玩具来吸引孩子的注意力。

有时，孩子怕陌生的大人而不怕和自己差不多大的陌生的孩子，那么，用和同龄儿童多接触的方法去削弱孩子认生的心理也是十分奏效的。

妈妈应该多带孩子出去玩，多与他人交往，同时，要多给他一些认识世界的视听刺激，比如听音乐、讲故事、看电视、一起玩游戏等，这些社会活动对孩子而言是必需的、有益的。

总之，要给孩子一个认识陌生人的时间和过程，慢慢地孩子就学会与陌生人交往了。每一个孩子的语言表达能力，都来源于他成长的环境。父母对孩子说什么、做什么都会对他们的语言智能有很大的影响。所以，只有在日常生活中正确地引导和训练，才能让孩子未来拥有优秀的语言表达能力。

孩子无法释放情绪怎么办

妈妈问：

我的女儿1岁6个月了，是个漂亮的小姑娘，叫妮妮。感觉这个小姑娘的心事很重，性格敏感。平时她会很乖地和去上班的爸爸说拜拜，今天早上却哭得很厉害，一直对着爸爸说"爸爸抱抱"，爸爸刚抱了她，她又说"坐车"，爸爸柔声对她说："妮妮乖，爸爸要上班，下班回来再坐车好不好？"谁知女儿就是不听，大哭，打滚。最后见爸爸上班要迟到了，我只好狠心地抱她回房间。回到房间，她继续大哭。妮妮总是这样，一闹情绪就很长时间，究竟怎么样才能让她平静？

孩子在1岁半左右会出现爱闹情绪、要小脾气的现象，而且每次发脾气时情绪反应都比较激烈，这让很多父母都束手无策。其实，1岁的孩子闹情绪是他们社会情感不断发展的表现。他们的自我意识越来越强，也越来越有自己的想法。他们除了有快乐、高兴等积极情绪，还有愤怒、不满等消极情绪。小孩子和大人一样，他们的情绪也需要释放，但由于表达能力有限，他们还不会处理自己的情绪，所以便会出现一些过激行为。那么父母如何帮助他们呢？

聆听和陪伴

孩子发脾气，生气，一定有理由，不要把孩子的这一行为简单地视为"不听话""不乖",动不动就训斥他们,这样只会让他们把不好的情绪积存在心里。此时,作为孩子的第一倾诉对象,不如任孩子哭一会儿,然后心平气和地听孩子说,哪怕是简单的几个词,也要认真地听,因为聆听和陪伴是缓解孩子情绪的最好的方式。

共情

共情就是将心比心地体验孩子的感受,理解孩子的感情。

不要一味地要求孩子马上听话,而要适当接受孩子的情绪,替孩子把情绪表达出来,如,"妈妈知道妮妮为什么哭了,是因为爸爸没有陪你玩,你不想让爸爸上班,是吗?""你想让爸爸带着你一起去玩是吗?"帮孩子把心事说出来,也就等于帮她释放了情绪。

家里有两个孩子,如何对待大一点的孩子

妈妈问:

我有两个孩子,大宝5岁,小宝1岁多,大宝是个女孩,叫然然,小宝是个男孩,叫杰杰。然然心思比较细腻敏感,她总说我们偏心,小杰需要照顾,一天也离不开我,然然也想晚上跟我睡,我照顾不过来,就让她一个人睡,感觉她总是不情愿,两个人还喜欢抢东西。平时我经常告诉然然,弟弟小,姐姐应该多照顾他,让着弟弟,不要跟他抢,好像也管点用,感觉女儿还挺懂事。谁知,我看他们私下两个人的时候,还是会抢,有一次,还看到然然推弟弟,真让人头疼,又不能打骂,怎么处理两个孩子的情况呢?

"同是父母的宝贝,身上流着相同的血液,他们的关系肯定要好,大宝也肯定会照顾小宝"这样的想法理论上行得通,事实上却不然。由于时间、环境等因素的制约,父母的爱就成为一种有限资源,为了得到父母的爱,两个小孩子定会形成一种竞争关系,甚至矛盾不断。小宝因为年龄小,心理还比较简

单，大宝年龄较大，心理较成熟，心思也较复杂。在过去，大宝习惯了爸爸妈妈的专宠，现在忽然出现了弟弟，自从有了他，爸爸妈妈都不关注自己了，什么都让着他。心理上巨大的落差让大宝产生怨气怒气，为了争夺父母的爱，大一点的甚至会出现行为"退步"现象，比如暴力争夺等，两个小孩之间的相处问题，主要还是父母如何对待大宝的问题。

多数父母总认为大的就应该让着小的，碰到什么问题，只要说"你是大哥哥（姐姐），应该……"就好，其实这是一个非常错误的观念，也是比较简单粗暴的做法。

公平对待

想让两个孩子更好地相处，最主要的原则是"公平"。就事论事，谁错了就批评谁，不要不问明原因就先把大宝训一顿。如果小的恃宠而骄，行为霸道，一样要给予批评。

给大宝安排任务

不要一味叫大宝让着小宝，而是要让大宝参与到你照顾小宝的具体事情中来，使她感到"我对于弟弟很重要，弟弟需要我"。这样大宝慢慢地就会树立一种责任感，增加对弟弟的疼惜之情。

多做情感交流

父母应注意多和大宝进行情感交流，包括语言和肢体接触，温柔地和她交谈心事，摸摸她，抱一抱，亲亲她的小脸，让她感觉并没有因为小宝的出现而受到冷落。这样会使她从感情上接受小宝，不再把弟弟看成闯入者、掠夺者。

让他们自己来

有时，小孩子之间闹矛盾，不见得非要大人出面解决不可，讲道理他们也不一定理解，最好的做法是分开他们，分开反而会让他们彼此想念。此外，给孩子东西的时候，不用强调这是谁的，那是谁的，而是给一个人，让他们自己分。当然，你可以在暗中观察他们，你会发现，无论怎样，他们都会用自己的方式解决问题。

孩子不会交朋友怎么办

妈妈问：

　　我的儿子快2岁了，小家伙不怎么喜欢和别的小朋友玩，成天就一个人在家里摆弄他的一堆玩具。在家话也挺多的，性格也算活泼好动，可是出去一见着小朋友就紧紧地抓着我，别的小朋友玩，他就在那看，不参与进去，感觉他也想去，就是不知怎么做。如果有别的小朋友主动找他，拉他手，他就往后退，像这种情况怎么办呢，我该怎么引导他呢？

这个年龄的孩子是该建立伙伴关系了，显然他有这方面的愿望，但因为孩子的生活比较单调，平时接触的人少，所以在遇到小伙伴想与之交往时会不知道该怎么做。针对这种情况，这里给家长们几条建议，相信会有所帮助。

创造接触的条件

父母们要为孩子创造社交条件，让孩子多与小朋友接触。比如，带他们去社区的公园玩，去拜访有同龄小朋友的家庭，常邀请同事带小朋友来家做客，参加妈妈社团等，让孩子们在接触中减少陌生感，彼此熟悉，彼此了解。

互动游戏

当孩子不知如何融入伙伴圈时，父母不妨给予帮助，带孩子和小朋友玩一些互动的小游戏。为了让孩子有个适应的过程，可以先让孩子和熟悉的小朋友玩，然后再慢慢扩大范围。

互相交换玩具

在孩子的社交活动中，玩具是不可或缺的工具，也是孩子们互相沟通的桥梁，对许多成年人来说，儿时跟伙伴们互相分享自己心爱玩具的场景仍是记忆中最难忘、最温暖的一幕。

在孩子和小伙伴接触的时候，尽量让他们用自己的方式去交流和沟通，必要时，我们可以在暗中观察，从中引导，使他们慢慢习惯这种方式，体会到相处的幸福与欢乐。两个同龄的孩子，他们有着相似的行为准则，有着独特的共同语言。在交往的过程中，孩子们互相感受着对方的快乐，体会着玩乐中的和谐与温暖，友谊的种子就这样播撒在幼小的心田中。

刚会走的孩子为什么又不肯下地走路了

妈妈问：

我的儿子1岁2个月了，十几天前学会了走路，我们都特别高兴，认为以后就可以轻松一点了。现在却发现孩子不肯下地走路了，只要我试探着把他往地上一放，他就哭闹起来。没办法，我只好妥协。为什么刚会走路又突然不肯下地走了，有什么好办法帮帮我呢？

为什么刚学会走路的孩子突然又不肯下地走路了？很多家长都遇到过类似的问题。很多原因可以导致这一现象发生，建议家长主要从以下三方面考虑：

首先，想想孩子学会走路后是不是有过一些负面经历，一个刚刚开始练习走路的孩子，如果他在学走路不久后摔了一跤，磕碰着哪儿，还感受过疼痛，那么他在短时间内会出现拒绝走路的情况。

其次，对大人的依赖性较强，他觉得一旦离开你，你就不再关注他了。

最后，新鲜感过去了。小孩子都这样，不会走的时候，对走路很好奇，挣扎着要学习走路，等到学会了，便丧失了新鲜感，认为还是让大人抱着舒服。

建议父母尊重孩子的成长规律，不要太心急，因为1岁孩子的很多技能会出现"退化"现象，以前学会的某种本领，突然某一天又不会了，这是很正常的。

1岁孩子的模仿能力是超乎大人想象的，积累到一定程度就会表现出来，所以父母们请耐心等待，不要过于担心。

孩子贪吃糖果怎么办

无论大人还是孩子，都无法抵御甜食的诱惑，但看似可爱的糖果对孩子的成长却没有什么好处。孩子吃糖究竟对身体有什么坏处呢？家长们有必要了解一下：

糖是一种纯热能食物，除了糖分，几乎不含任何营养成分；

糖的饱腹感极强，吃糖后会使孩子减少食量，长此以往，势必会使孩子出现营养失调；

糖为酸性物质，它在消化时会中和人体内的碱性物质，在消化的过程中还会大量消耗孩子体内的钙，直接影响孩子的生长发育；

食用过多的糖会让血糖异常，从而使孩子产生注意力不集中等现象；

吃太多糖对孩子的牙齿不好，容易诱发龋齿。

专家建议，3岁之前最好不要给孩子吃太多糖，等孩子的身体发育及自控能力相对成熟之后再给他吃糖，这样会将影响孩子身体健康及成长发育的不良因素降到最低。

但是，对于那些已经尝过糖果的美妙滋味、对甜味欲罢不能的孩子，父母们又要如何应对呢？

选择合适的吃糖时间

饱餐后、吃饭前两小时内和睡觉前，绝对不应给孩子吃糖等甜食。

和孩子做个约定

孩子喜欢吃糖，父母不妨跟他做个约定，规定每周可以吃的糖的数量以及吃糖的时间。比如提前和孩子约定，一天只能吃一颗糖。约定一旦达成，父母一定要严格执行，更要有恒心，即便孩子眨着水灵灵的大眼睛哀求，也绝对不能妥协。

加强对牙齿的保护

孩子吃糖容易导致蛀牙，可是又不能完全不吃，对于1岁的孩子，父母要为他们做好口腔护理，平时可以用纱布蘸水帮孩子清洁牙齿，这样孩子患蛀牙的概率就可以降低许多。另外，父母可以考虑定期带孩子去口腔科检查牙齿，若发现问题就及时处理，也可以使孩子的牙齿免受糖的侵害。

为孩子选择"糖果替身"

现在市面上有很多可以帮助孩子防止蛀牙的天然甜味剂，比如木糖醇。给孩子吃这样的糖类食品，既满足了孩子想吃糖果的需求，又不会伤害孩子的身体。当然，爸爸妈妈们最好培养孩子少吃糖的习惯，或者可以用水果来代替糖。因为大多数水果都是甜的，从味道上讲孩子们会比较喜欢，而且水果对孩子的成长发育也有很大好处。

如何知道孩子是否生病了

孩子生病，妈妈最着急。尤其是婴儿，除了吃奶，就是睡眠，生了病也不会说，只会哭。即使是1岁大的孩子，他们也表达不清究竟怎样不舒服。其实，任何疾病都有一些先兆，妈妈如果能了解这些作为先兆的症状，便有可能使孩子的疾病得到及时诊治，早日康复。

那么，这些先兆有哪些呢？

睡眠不老实

孩子发热，在被觉察之前，常表现出夜里睡眠不安静，孩子会辗转反侧或手脚乱动，或者容易醒来，常踢开被褥或双手放在被褥外面。

呼吸不平静

健康的孩子睡眠时呼吸是平静的，但在发热前可能出现呼吸不平静，鼻腔或者喉咙里有呼呼的痰鸣声。此外，妈妈需注意孩子的鼻翼是否扇动，解开上衣看看孩子呼吸时胸部软组织（胸骨和锁骨交界处）有无凹陷。若有怀疑，可测肛温。要知道，有些孩子尽管已经发热，但白天仍精神十足，照常玩耍，病情易被忽视。

情绪、性格改变

孩子身体不好时，也会像大人一样出现情绪和性格的改变，他们不爱玩，好哭闹。有些孩子得了中枢神经系统疾病，如结核性脑膜炎等，在出现发热或较明显的神经症状之前，往往先表现为一段时间的性格改变，甚至行为、动作也与往常有异。

总之，对妈妈来说，要善于对孩子进行观察，通过看似平常的现象较早地发现某些异常现象。这就要求妈妈能具体了解孩子的生活习惯及脾气，千万不要被孩子"白天顽皮得很""白天玩得很好"的假象所蒙蔽。